冷凍しておくと、便利なおかず

遅く帰ってきたとき
買い置きの材料がないとき
それでも、いつでも
温かいごはんを用意できる。

その安心感があるのは
"My冷凍"のおかずがあるから。
市販の冷凍食品は便利だけれど、
食べておいしく、ほっとした気持ちになるのは、
やっぱりわが家の味です。

そこで、ベターホームの先生たちの
知恵とアイディアが詰まった
冷凍しておくと、便利なレシピを集めました。

多めに作っても、とり分けて冷凍したり、
材料を切って調味料と合わせて冷凍したりと
ついで作りをしておけば、
材料のむだがなく、しかも経済的。
ひとり暮らしの人にもおすすめです。
毎朝頭を悩ませる、お弁当のおかずも
冷凍なら、とり出して詰めるだけだから
かんたんです。

お弁当や夕食がバリエーション豊かに
栄養バランスもよくなります。
時間と、おさいふ、手間の
ゆとりを作りませんか。

ベターホーム出版局

目　次

06	ベターホームの先生がやっている 冷凍の小ワザ
08	手早くできる！ My冷凍で作る1日ごはん

My冷凍で、すぐできるおかず

12	材料と調味料を一緒に冷凍！ 忙しい人のための1パックフリージング		おうちで作る野菜ミックス
14	豚肉のしょうが焼き	28	**ミックスベジタブル**
15	豚肉と野菜のバーベキュー味	29	卵のスフレ
16	牛カルビ肉の焼き肉		えびのバターライス
17	とり手羽肉の七味じょうゆ焼き	30	**きのこミックス**
18	とり肉のヨーグルト漬け	31	とうふときのこのあんかけ汁
19	とりもも肉のみそ漬け		きのこのペペロンチーノスパゲティ
20	とり肉のはちみつレモン焼き	32	**ごろごろ野菜ミックス**
21	牛ステーキ肉のワイン漬け	33	ごろっと野菜のホワイトシチュー
22	さけのねぎ豆板醤（トーバンジャン）風味		ポトフ
23	いかと野菜のしょうゆだれ	34	**根菜ミックス**
24	あじのイタリアンハーブグリル	35	大豆の五目煮
25	魚介のマリネ		根菜のカレー
26	あさりの韓国風スープ		
27	冷凍しておくと便利な野菜		

冷凍のお得ポイント

1. 節約になる

薄切り肉やきのこなど、よく使うものは特売の日にたくさん買って冷凍しておくととってもお得。節約の強い味方になります。毎日の食事が安くあがります。

あるとうれしい 定番おかず&ソース

- 36 ぎょうざ
- 37 焼きぎょうざ／ぎょうざ鍋
- 38 麻婆ソース
- 39 だいこんの麻婆のせ／麻婆豆腐丼
- 40 生トマトソース
- 41 蒸し野菜のトマトソースがけ／とり肉のトマト煮
- 42 ミートソース
- 43 ミートソースのとうふグラタン／ブロッコリーとミートソースのペンネ
- 44 ホワイトソース
- 45 グラタン／ふんわりホワイトトースト
- 46 さんまのすり身
- 47 すり身汁／すり身の香り焼き

いろいろ使える おかずの素

- 48 お手軽塩豚
- 49 塩豚と夏野菜のソテー／塩豚とだいこんのスープ煮
- 50 蒸しどり
- 51 蒸しどりのサラダうどん／チキン&アボカドのマフィンサンド

- 52 冷凍保存9つのコツ
- 54 肉・魚・野菜の冷凍のコツ
- 55 あると便利な冷凍&解凍グッズ
- 56 おいしさのカギは解凍にあり！
- 59 冷凍庫整理法

冷凍しておいて、すぐお弁当

- 62 お弁当用冷凍ボックスを作ろう
- 64 月曜日「ほっとできる かあさんの味弁当」
- 65 火曜日「らくらく作れる お肉弁当」
- 66 水曜日「ガツンと食べたい ボリューム弁当」
- 67 木曜日「らくらく作れる お魚弁当」
- 68 金曜日「飲み会の日の マクロビ風弁当」
- 69 土曜日「休日のお出かけ ランチボックス弁当」
- 70 お弁当のおかずは、夕食と一緒に気楽に作ろう！

大きいおかず

- 70 とりのから揚げ
- 71 とりつくね／とり肉のチリソース
- 72 三角ハンバーグ／ハーブソーセージ
- 73 野菜入りとりそぼろ／牛肉のみそしぐれ煮
- 74 薄切り肉のボリュームカツ／車麩のしょうが焼き
- 75 かじきのカレーいため／かじきのオイスターいため
- 76 さけのマスタード焼き／さんまのかば焼き
- 77 さけの南蛮漬け

---

2. 材料がむだにならない

1パックの量が多い肉や魚を買ったとき、野菜が食べきれそうもないとき、冷凍しておけば、汁の具やいためものなどのちょっとしたときに使え、むだになりません。少しだけ必要な薬味類も、そのつど買わずにすみます。

作って冷凍！20分おかず

94	とり手羽元の梅酒煮
95	とり肉とさといものごま煮
96	レンジ煮豚
97	さばのみそ煮
98	いかバーグ
99	とりひき肉ともちの巾着煮

小さいおかず

78	にんじんのごまみそいため／ひと口キャベツ
79	ブロッコリーのクリーム焼き／かぼちゃボール
80	キッシュ風卵焼き／卵ののりロール
81	ころころマッシュポテト／ミニお好み焼き
82	かぶの甘酢漬け／きのこのイタリアンソテー
83	スピードひじき煮／おからとひじきのごま風味サラダ
84	切り干しナポリタン／しいたけとつくだ煮こんぶの煮もの
85	ししとうとじゃこのぽん酢いため／高野どうふの含め煮
86	かぼちゃとトマトのレンジ煮／さつまいものりんごジュース煮
87	きのこのきんぴら／れんこんのきんぴら

ごはんもの・おやつ

88	炊飯器チャーハン／ツナピラフ
89	とりごぼうの混ぜおこわ／焼きおにぎり
90	焼き豚サンド／クリームチーズサンド
91	シンプルチーズケーキ／チョコ蒸しパン

冷凍しておくと安心、使える 先生のイチ押し！ 冷凍便利ランキング

100	肉
102	魚
104	野菜・くだもの
106	おかず・ごはんものなど

3. いざというときに役立つ

生の肉、魚介類なら2週間、火を通したものなら1か月程度もちます。たっぷり作った煮ものなどは毎日では食べ飽きますが、冷凍しておけば別の日に食べられ、何もないときや、お弁当作りにも大いに役立ちます。

先生の冷凍テク

46	魚をおろしたときの裏ワザ
57	グリルでスピード解凍ワザ
58	カチンカチンに凍った魚介類の解凍法
58	パン、中華まんの上手な解凍法
77	こんにゃくの冷凍
97	とうふの冷凍

先生のかんたんレシピ

31	牛肉ときのこの卵丼
77	冷凍こんにゃくのピリ辛煮
90	食パンでカレーパン
97	凍りどうふの卵とじ
98	たまねぎの酢のもの

02	冷凍のお得ポイント
110	さくいん

この本のきまり

○**計量の単位**
カップ1＝200ml 大さじ1＝15ml 小さじ1＝5ml
米用カップ1＝180ml（mlはccと同じ）

○**電子レンジ**
加熱時間は500Wのめやす時間です。600Wなら、加熱時間は0.8倍にしてください。

○**だし**
かつおだしをさします。だしの素を使うときは、表示どおりに使います。

○**スープの素**
「固形スープの素」「スープの素」「中華スープの素」の表記があります。固形スープの素とスープの素は、ビーフ、チキンなど、お好みで。中華スープの素はチキンスープの素で代用できます。

○**調理時間**
解凍する時間は除きます。

○**マークについて**

 冷凍…冷凍用の保存袋、冷凍に使える密閉容器などに入れて冷凍できます。生ものは2週間、火を通したものは1か月をめやすに食べます。

 お弁当…お弁当にも使えるおかずです。

 子ども…子どもにも食べやすい味のおかずです。

 冷凍で持参可…冷凍のままお弁当に詰められるおかずです。

4. 料理作りがスピードアップ

調理でいちばん手間がかかるのが、洗ったり切ったりする下ごしらえ。事前に食材を食べやすい大きさに切ったり、味つけして冷凍しておくことで、忙しい日には料理がすぐにできあがります。

●豚ばら肉は50gくらい、少量ずつの小分けにして常備しています。煮ものや豚汁、いためものに便利です（渋谷教室　小林美恵子）

●食パンはバターやマーガリンを塗って冷凍すると、朝の時間がぐっと短縮できます。上にベーコンやピーマンをのせてピザ風にして冷凍することもできます（大宮教室　小西幸枝）

●魚は7〜8割電子レンジで加熱して冷凍。解凍がてらグリルで焼きます（渋谷教室　植田治美）

●ビールやワインの飲み残しは製氷皿で冷凍しておくと、煮こみ料理に使えます（銀座教室　田中和代）

ベターホームの先生がやっている

知ってびっくり！こんなに便利！
冷凍の小ワザ

●牛肉とごぼうのつくだ煮を冷凍しておき、**冷凍のまま炊きたてごはんにそのまま混ぜ**ます。ごはんの熱で解凍されて、ごはんも早くさめるから、弁当に詰めやすい（千葉教室　星野幸子）

●お弁当用のごはんは、**冷凍するときに弁当箱の形にして冷凍**するのがコツ。弁当箱のごはんの入るスペースにラップを敷いてごはんを入れ、包みます。ラップごととり出して冷凍します（渋谷教室　渡辺輝子）

●パスタはかためにゆでて、オリーブ油をからめます。**1回分ずつまとめてから凍らせ**、保存袋に入れておくと、お弁当用にすぐ使えます（名古屋教室　長野奈穂子）

●卵やツナのサンドイッチは作ったら食べやすい大きさに切って冷凍し、そのままお弁当にします（渋谷教室　植田治美）

●おでんの汁は残して冷凍しておきます。次に作るときにたすと、味に深みが出てよりおいしくなります（梅田教室　佐野映子）

●残った刺し身用のさけは、塩、こしょう、ドライハーブをふって冷凍します。解凍させると、かんたんサーモンマリネになります。なるべく早めに食べます（渋谷教室　越川藤乃）

●だしをとったあとのかつおぶし、こんぶ（細切り）を冷凍しておきます。青菜の煮びたしを作るときに加えると、だしを使わなくてもおいしく作れます（名古屋教室　杉戸照代）

先生たちは、忙しい毎日を乗りきるために冷凍庫をフル活用。食材をただ冷凍するのではなく、ひと手間かけたり、組み合わせたりと使いやすいようにくふうしています。そこには手早く料理を作るコツがいっぱい。そこで、全国のベターホームの先生たちにおすすめの"冷凍"ワザを聞いてみました！

●夫がひとりのときでも食べられるように、うどんの具になる、**ほうれんそう、かまぼこ、ねぎ、煮た油揚げをセットにして冷凍**します。うどんとめんつゆがあれば、だれでも具だくさんのうどんが作れます（札幌教室　清水よふ子）

●**赤のパプリカ（5mm幅）、さやいんげん（ゆでて1.5cm幅）、黒オリーブ（薄切り）をセットにし、それぞれをラップで包んでまとめて保存袋に入**れます。オムレツやパエリア、サラダやピザの具に手軽に使えて、残りがちなパプリカやさやいんげんもむだなく使えます（札幌教室　吉田恵）

●油抜きした油揚げ、もどしたわかめ、小口切りにしたねぎ（緑の部分も）、きのこを一緒にラップに包んで冷凍します。凍ったままだしに入れて、みそをとけば、おいしいみそ汁ができあがります（仙台教室　今野敬子）

手早くできる！My冷凍で作る1日ごはん

1 day menu

自分で用意したMy冷凍があると、イチから準備する必要がないので、毎日のごはん作りがらくになります。My冷凍を活用した、朝・昼・夕ごはん作りをご紹介します。

Meat & Fish 肉・魚

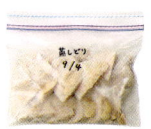
蒸しどり (p.50)

豚肉のしょうが焼き (p.14)

Vegetable 野菜と野菜おかず

だいこんおろし

角切りキャベツ

ミックスベジタブル (p.28)

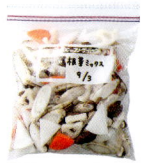
根菜ミックス (p.34)

Other その他

油揚げ

納豆

Dessert くだもの、ケーキなど

バナナ (p.107)

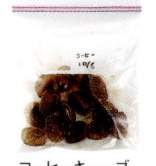
コーヒーキューブ（コーヒーを凍らせたもの）

今日使うMy冷凍はこれ！

すり身 (p.46)

甘塩さけ

ねぎの小口切り

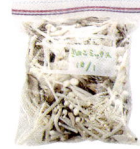
きのこミックス (p.30)

かぶの甘酢漬け (p.82)

かぼちゃとトマトのレンジ煮 (p.86)

ごはん

パン

チーズケーキ (p.91)

抹茶

1. 前日やること

納豆、だいこんおろしを冷蔵庫に移す

2. 当日の朝やること

チーズケーキを室温に出す（暑いときは冷蔵庫に）

かぶの甘酢漬け、豚肉のしょうが焼きを冷蔵庫に移す

「朝ごはん ● 定番の焼き魚の和食ごはん」

冷凍のまま**さけ**をグリルで焼く。だいこんおろしを添える

冷凍のままの**きのこミックス**、**油揚げ**をだしで煮て、みそをとく。**ねぎ**を冷凍のまま入れる

バナナをプレーンヨーグルトに入れ、抹茶をかける

Breakfast
menu
10分で完成

さけの塩焼き
きのこと油揚げのみそ汁
ごはん
納豆
バナナ抹茶ヨーグルト

「お昼ごはん ● デザートつき！ とり肉のトマトソースランチ」

冷凍のまま**ミックスベジタブル**、**キャベツ**をスープで煮る

蒸しどりと、**かぼちゃとトマトのレンジ煮**を一緒に電子レンジで温める

コーヒーキューブを牛乳に入れる

Lunch
menu
10分で完成

とり肉のトマトソースがけ
野菜のスープ
パン
チーズケーキ
アイスカフェオレ

「夕ごはん ● すぐ作れる、豚肉のしょうが焼きの夕ごはん」

豚肉のしょうが焼きをフライパンで焼く

半解凍の**すり身**、冷凍の**根菜ミックス**をだしで煮て、みそをとく

Dinner
menu
10分で完成

豚肉のしょうが焼き
かぶの甘酢漬け
すり身汁
ごはん

My冷凍で、すぐできるおかず

スーパーの冷凍食品売り場には、いろいろな商品がいっぱい。
でも安売りにひかれる前にちょっと待って。
肉や魚、野菜に、調味料を合わせて冷凍すると、
安心で、手ごろで、おいしい
My冷凍食品がかんたんにできますよ。

いつものお手ごろお肉に、
調味料をまぶして

野菜も食べやすく切っておこう

保存袋に入れて、しっかり密封

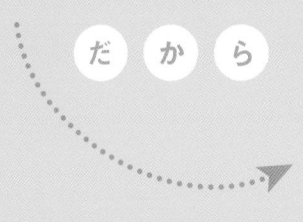

だ か ら

加熱するだけで、できあがり

便利なMy冷凍　ベスト3

1. 豚肉のしょうが焼き
　たれに漬けてあるから、味わいしっかり、すぐ食べられる

2. ミックスベジタブル
　常備しておくと、なんにでも使える

3. ぎょうざ
　家族みんなが大好き。鍋にしてもおいしい

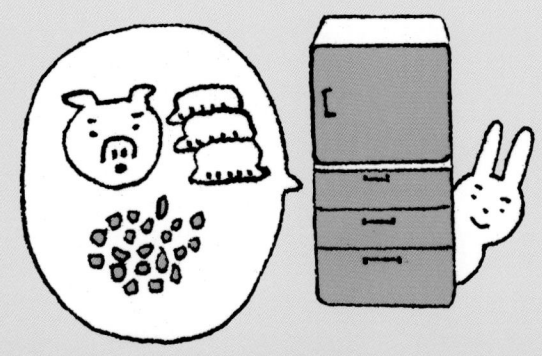

材料と調味料を一緒に冷凍！
忙しい人のための1パックフリージング

料理を作るとき、時間と手間をとるのが材料を「そろえる」「洗う」「切る」の作業。
そこで、忙しい人におすすめなのが"1パックフリージング"。肉も野菜も一緒に下ごしらえし、
調味料と合わせて冷凍してしまう方法です。もう味がついているので、食べるときは
そのままいためたり、煮たりするだけ。作りたての味が楽しめます。

肉 ＋ 野菜 ＋ たれ

合わせて冷凍 ▶

材料と調味料が1パック

半解凍して
加熱すれば

＼あっという間に／
できあがり

作ったものは、その日のうちに食べるようにします

手順はたったこれだけ

A 必要なもの
Freezing tools

1. ジッパーつき保存袋  & **2.** ステンレスやアルミのトレー

B 冷凍するとき
How to freeze

1. 材料を切る

2. 調味料をそそぐ

3. 材料を入れて軽くもむ

4. 空気を抜いて冷凍

C 食べるとき
How to cook

1. 半解凍*か凍ったままフライパンに入れる
半解凍か凍ったまま使うかどうかは、料理によってかわります

2. 厚みのある肉なら、ふたをして弱火で蒸し焼きに
厚みのある肉や魚は、汁気が出てきたら、弱めの火加減で蒸し焼きにします

---

*半解凍させるには

その1 冷蔵庫で
3〜4時間前（無理なら朝、出かける前）に冷凍庫からパックをとり出し、トレーにのせて冷蔵庫に移します。

その2 室温で（夏場や生の魚介は避ける）
トレーにのせて（さらに早めたいときは袋の上にもトレーをのせます）、30分ほど室温におきます。家に帰ってきたらまっ先に冷凍庫から出すとよい。

その3 電子レンジで解凍
電子レンジの弱か解凍モードで、まわりがとけてくる程度に加熱します。

豚肉のしょうが焼き

漬けて冷凍しておくと、肉がやわらかくなって味もしっかりしみ、おいしいしょうが焼きになります。今晩のおかずに困ったときの心強い味方です（神戸教室　北村幸子）

材料と調味料が1パック

材料（2人分）

●冷凍

肉	豚肉（しょうが焼き用）— 200g

たれ	しょうが（すりおろす） 　— 1かけ（10g） しょうゆ — 大さじ2 酒 — 大さじ2

保存袋（中）— 1枚

●食べるとき

サラダ油 — 大さじ1/2

〔つけ合わせ〕

レタス — 2枚

にんじん — 20g

作り方　●1人分 317kcal

●冷凍

1 たれを保存袋に合わせます。肉を入れてもみこみます。空気を抜きながら袋の口をとじます。冷凍します。

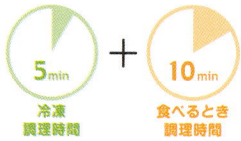

●食べるとき　▶▶▶ 半解凍(p.13)

2 レタスは細切りにし、にんじんは4cm長さのせん切りにします。

3 フライパンにサラダ油を温め、肉を1枚ずつ広げて入れます。中火で両面焼きます。器に肉と野菜を盛りつけます。

肉はさい箸で広げながら焼きます

豚肉と野菜のバーベキュー味

肉も野菜も全部一緒に冷凍しますが、加熱するときは厚みのある肉と野菜は時間差にします。
肉は味がしみてしっとりとジューシー。ボリュームたっぷりで、大人も子どもも楽しめます（浜村）

材料（2人分）

●冷凍

- 肉
  - 豚ロース肉（とんカツ用）
    — 2枚（200g）
- 野菜
  - パプリカ（赤） — 1/2個（70g）
  - たまねぎ — 1/4個（50g）
  - ミニトマト — 4個
- たれ
  - にんにく — 1/2片（5g）
  - たまねぎ — 20g
  - しょうゆ — 大さじ1
  - トマトケチャップ
    — 大さじ1 1/2
  - 砂糖 — 小さじ1/2
  - サラダ油 — 小さじ1
- 保存袋（中） — 1枚

●食べるとき

- サラダ油 — 小さじ1

作り方　●1人分 356kcal

●冷凍

1 パプリカとたまねぎは大きめのひと口大に切ります。ミニトマトはへたをとって、半分に切ります。たれのにんにく、たまねぎはみじん切りにします。

2 肉の筋を数か所切ります。

3 保存袋にたれを入れて混ぜます。肉を入れ、袋の上からよくもんでなじませます。野菜を加えてなじませ、空気を抜いて袋の口をとじます。冷凍します。

●食べるとき ▶▶▶ **半解凍**(p.13)

4 フライパンにサラダ油を温めます。肉だけを入れて強火で焼きます。両面に焼き色がついたら、野菜とたれを加えます。ふたをして弱火で約5分、裏返して約2分蒸し焼きにします。火が通ったら、ふたをとって汁気をとばします。

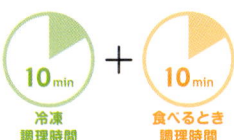

材料と調味料が1パック

牛カルビ肉の焼き肉

2週間 冷凍保存　お弁当　子ども

市販の焼き肉のたれを使うから、準備はたったの5分！ 焼き肉をしたときに、家族にこっそり肉をとり分けて作っておけば、平日の忙しいときに大いに役立ちます（浜村）

肉　＋　野菜　＋　たれ

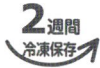

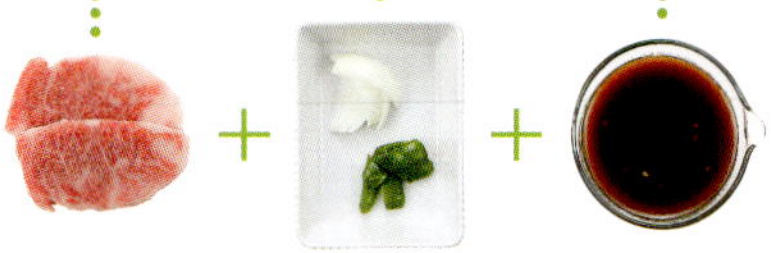

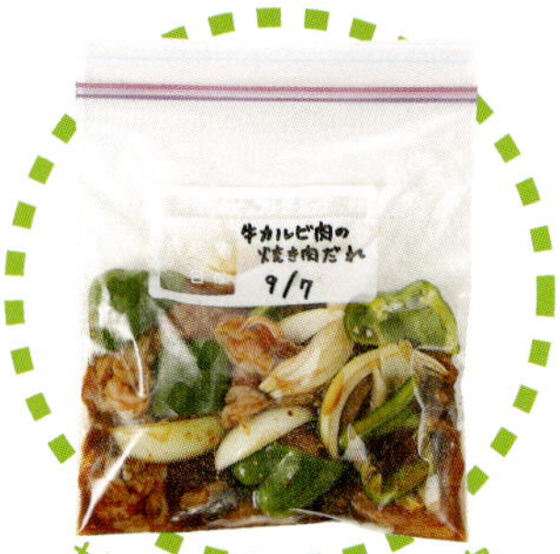

材料と調味料が1パック

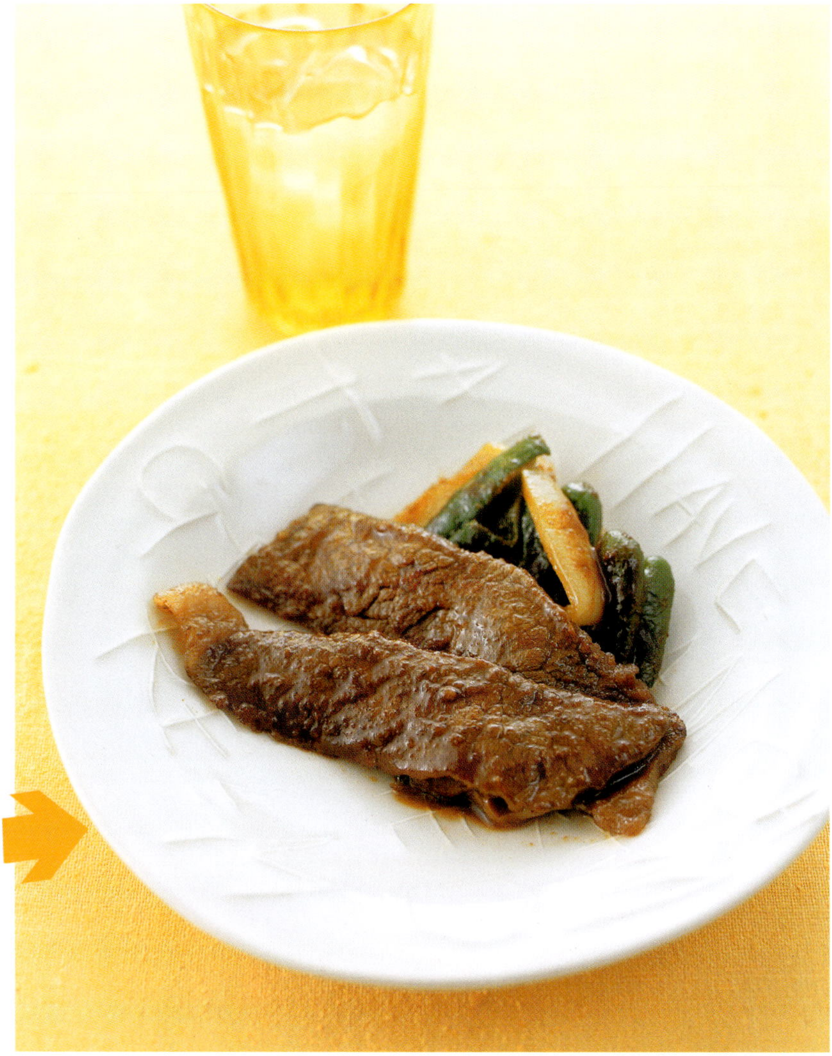

材料（2人分）

●冷凍

肉	牛カルビ肉（焼き肉用）— 150g
野菜	たまねぎ — 30g
野菜	ピーマン — 1個（40g）
たれ	焼き肉のたれ（市販）— 大さじ3
保存袋（中）— 1枚	

●食べるとき

ごま油 — 小さじ1

作り方　●1人分 402kcal

●冷凍

1 たまねぎはくし形に切り、ピーマンは種をとり、8つに切ります。

2 保存袋に、たれと肉を入れてよくもみこみ、**1**を加えます。空気を抜きながら袋の口をとじます。冷凍します。

●食べるとき ▶▶▶ 半解凍(p.13)

3 フライパンにごま油を温めます。たれごと入れ、肉をほぐしながら強めの中火でいためます。

5min 冷凍調理時間 ＋ 10min 食べるとき調理時間

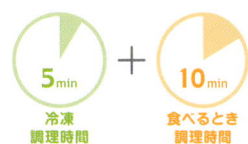

とり手羽肉の七味じょうゆ焼き

2週間 冷凍保存　お弁当

スペアリブといわれる、ハーフカットの手羽中を使います。辛味がピリッときいた和の味わいは、酒の肴にもおすすめ。グリルでじっくり、皮をパリッと焼きあげるので、店にも負けないおいしさです（山上）

材料（2人分）

●冷凍

肉	とり手羽中（ハーフカット）— 12本
野菜	たまねぎ — $\frac{1}{2}$個（100g）
	かぼちゃ — 120g
たれ	しょうゆ — 大さじ2
	酒 — 大さじ2
	みりん — 大さじ1
	七味とうがらし — 小さじ$\frac{1}{2}$
保存袋（中）— 1枚	

作り方　●1人分 265kcal

●冷凍

1 かぼちゃは種とわたをとります。1cm幅のくし形に切って、電子レンジで約1分30秒、ややかためにに加熱します。

2 たまねぎは1.5cm幅の半月切りにします。

3 保存袋にたれと肉を入れてもみこみます。野菜を加えてなじませます。空気を抜きながら袋の口をとじます。冷凍します。

●食べるとき ▶▶▶ 半解凍(p.13)

4 野菜はアルミホイルに並べ、肉はそのまま、グリルに入れます。両面にこんがりと焼き色がつくまで約15分焼きます。

10min 冷凍 調理時間 ＋ 20min 食べるとき 調理時間

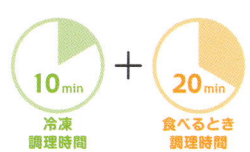

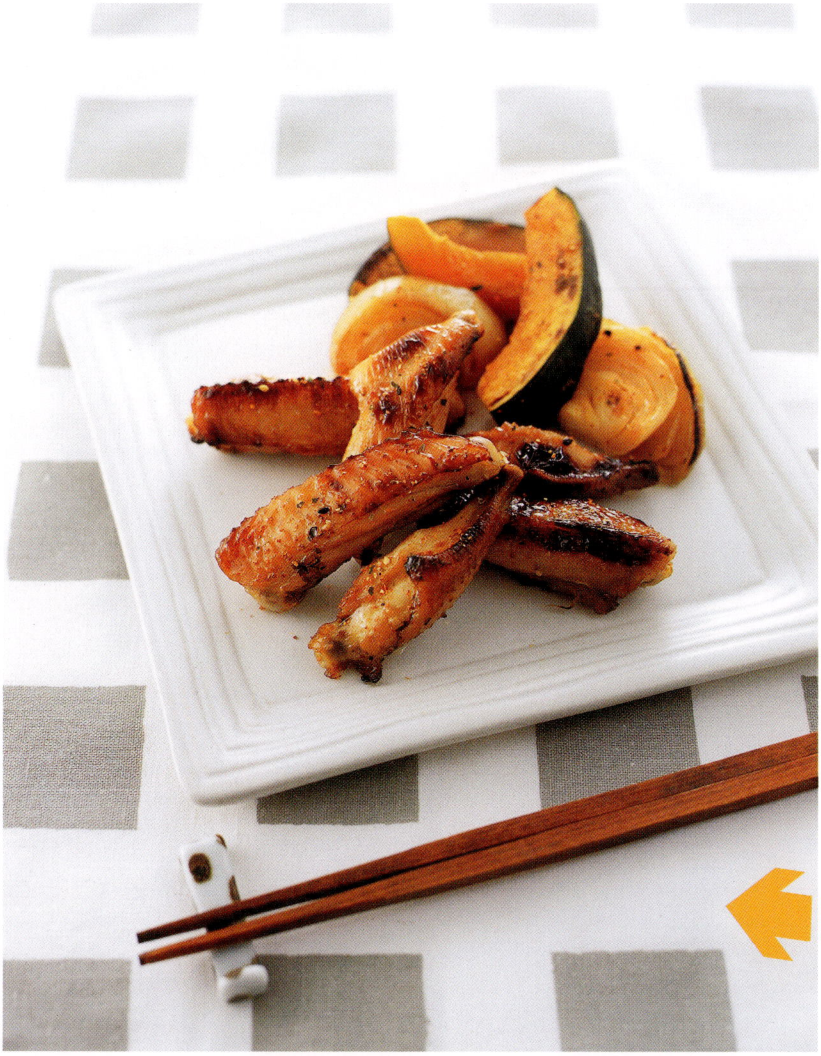

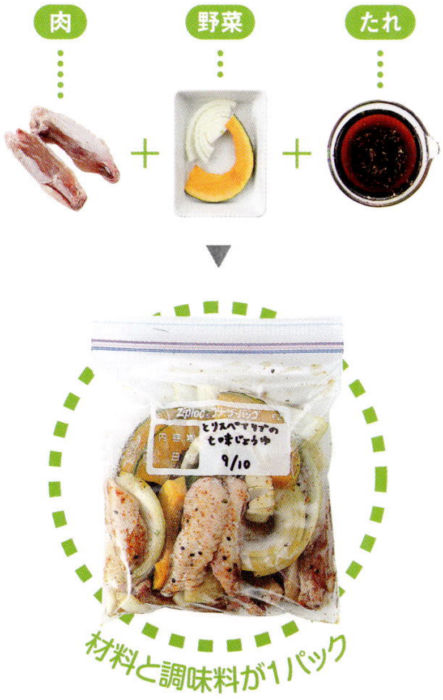

とり肉のヨーグルト漬け

ヨーグルトに漬けると、とり肉のくさみが抜けて、パサつきがちなとりむね肉もしっとりと焼きあがります。にんにくの香りで風味をプラス。味のアクセントになっています（浜村）

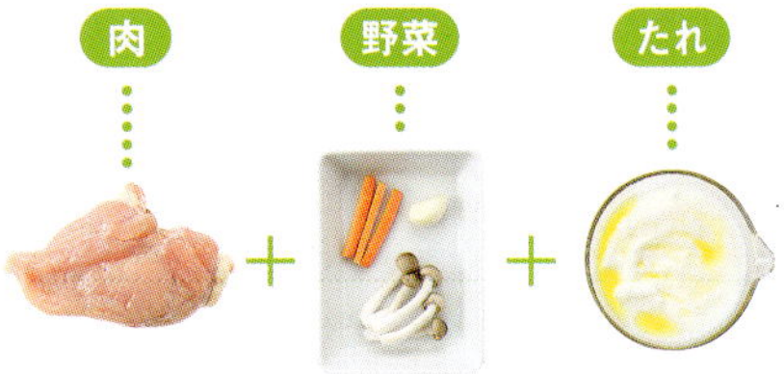

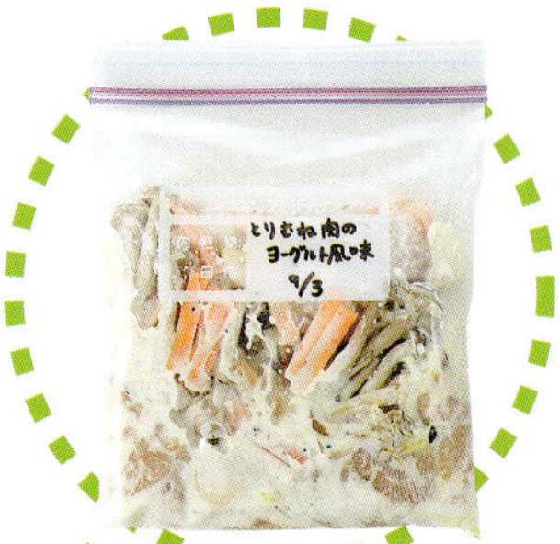

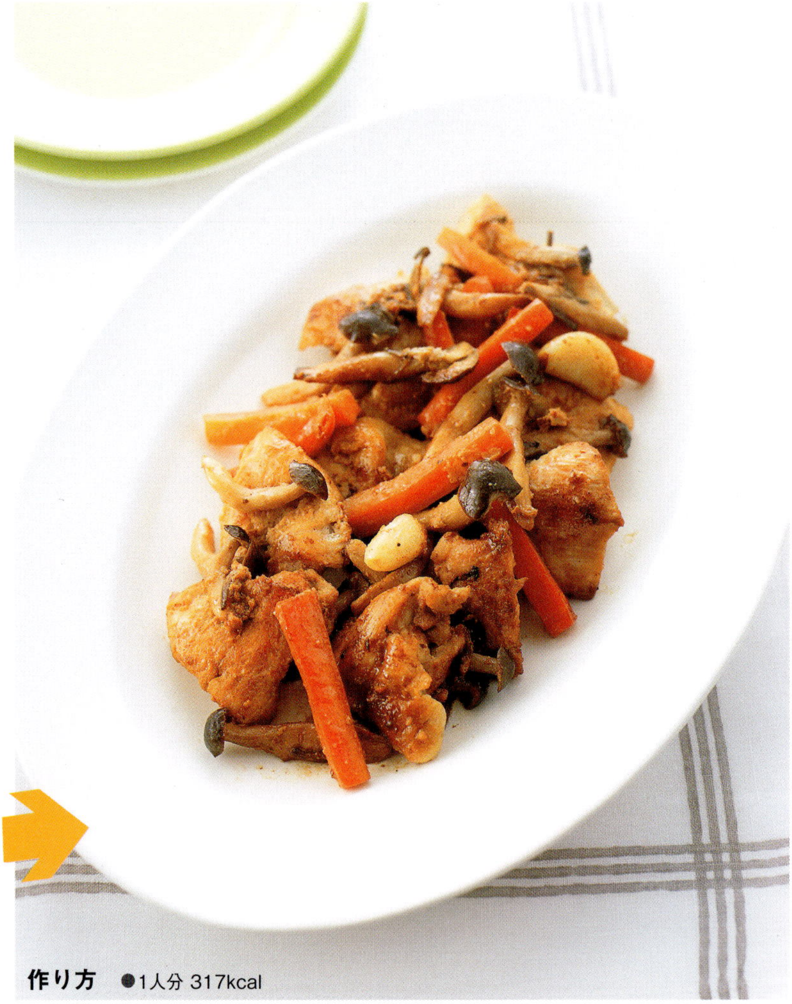

材料（2人分）

● 冷凍

肉	とりむね肉 — 1枚（250g） 塩 — 小さじ1/4
野菜	にんにく — 1片（10g） にんじん（5cm長さ）— 50g しめじ — 1/2パック（50g）
たれ	プレーンヨーグルト 　（ケフィアでも）— 80g オリーブ油 — 大さじ1/2 にんにく — 1/2片（5g） 塩 — 小さじ1/8

保存袋（中）— 1枚

● 食べるとき

サラダ油 — 小さじ1

作り方　●1人分 317kcal

● 冷凍

1 とり肉は厚みのあるところは身に浅く切り目を数本入れます。4～5cm大に切り、塩をもみこんで4～5分おきます。

2 にんじんは7～8mm幅の棒状に切り、しめじは根元を落としてほぐします。たれのにんにくはすりおろします。

3 保存袋にたれを合わせます。肉を入れてよくもみ、野菜を入れてさらにもみます。空気を抜きながら袋の口をとじます。冷凍します。

● 食べるとき ▶▶▶ 半解凍(p.13)

4 フライパンにサラダ油を温めます。汁気をきって肉を入れ、中火で焼き、焼き色がついたら裏返します。野菜を加えてふたをし、弱火で7～8分蒸し焼きにします。

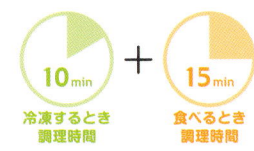

とりもも肉のみそ漬け

しっかり濃い味のみそだれに、歯ごたえのいい野菜も肉と一緒に漬けました。
厚みのあるもも肉は火が通りにくいので、ふたをしてじっくり火を通します（柏教室　清水雅子）

材料（2人分）

●冷凍
- 肉：とりもも肉 — 1枚（300g）
- 野菜：れんこん — 100g／セロリー — 1本
- たれ：砂糖 — 大さじ1／みそ — 大さじ2／酒 — 大さじ1／しょうゆ — 大さじ1
- 保存袋（中） — 1枚

●食べるとき
- サラダ油 — 大さじ1/2

作り方 ●1人分 403kcal

●冷凍

1　とり肉は皮を竹串かフォークでところどころ刺します。

2　れんこんは皮をむいて1cm幅の輪切りか半月切りにし、水にさらして水気をきります。セロリは筋をとり、3cm長さに切ります。

3　保存袋にたれを入れて混ぜ、1、2を入れてよくもみこみます。空気を抜きながら袋の口をとじます。冷凍します。

●食べるとき ▶▶▶ 半解凍(p.13)

4　フライパンにサラダ油を弱火で温めます。たれを除いて肉を入れ、まわりに野菜を並べます。野菜は両面に焼き色がついたらとり出します。肉は色づいたら裏返し、ふたをして弱火で5分ほどじっくり焼きます。そぎ切りにします。

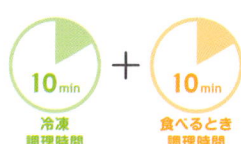

とり肉のはちみつレモン焼き

2週間 冷凍保存　お弁当　子ども

暑い日におすすめの、さっぱりとした風味です。とり肉に塩を多めにふってから、はちみつとレモンをなじませると、ほんのり甘く、香りよくなります（浜村）

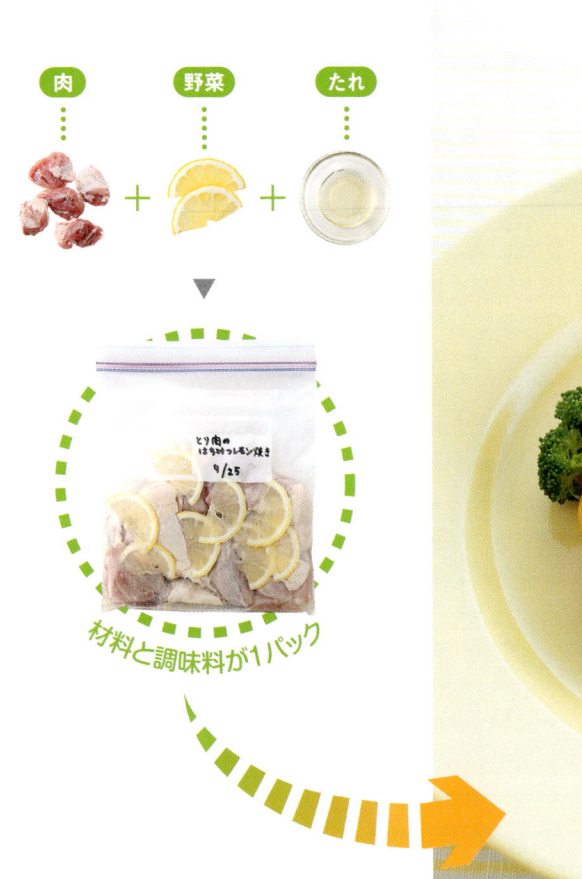

材料と調味料が1パック

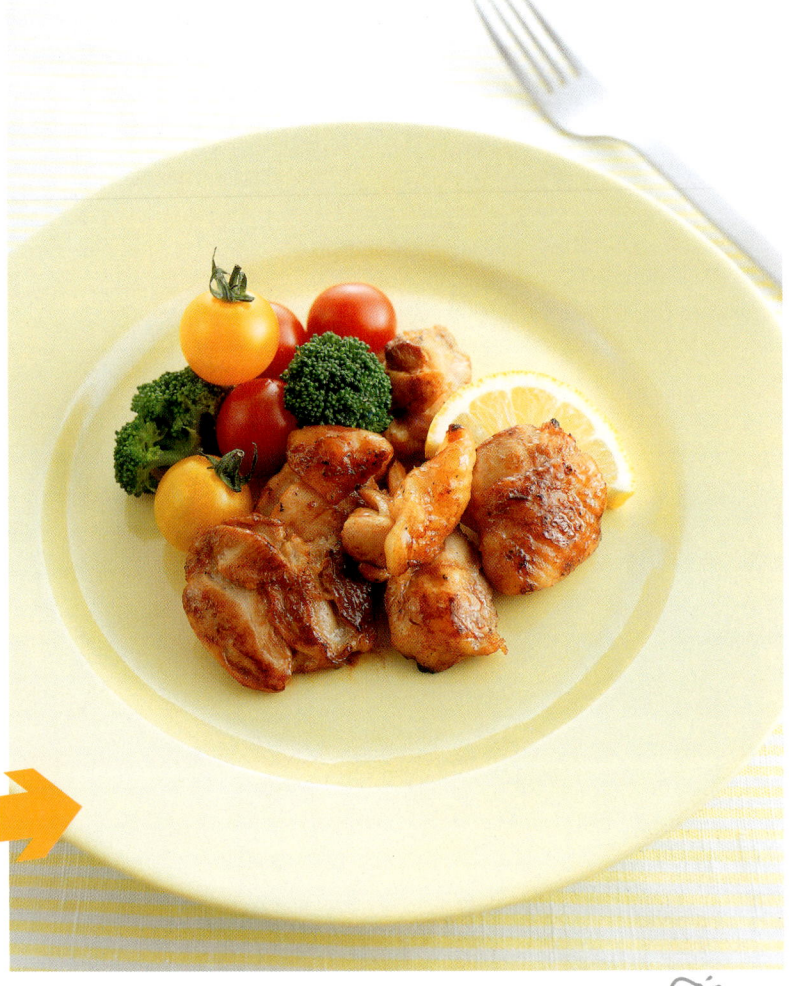

材料（2人分）

●冷凍

肉［とりもも肉（から揚げ用）— 250g
　　塩 — 小さじ2/3

野菜［レモン — 1/2個

たれ［はちみつ — 大さじ1/2

保存袋（中）— 1枚

●食べるとき

サラダ油 — 小さじ1

〔つけ合わせ〕

ミニトマト（赤・黄）— 各4個

ブロッコリー — 1/3株

レモン — 1/6個

作り方　●1人分 310kcal

●冷凍

1 とりもも肉は塩をすりこみ、10分ほどおきます。

2 レモンは半月切り8枚をとります。残りは汁をしぼります。

3 保存袋にはちみつとレモンのしぼり汁を合わせて入れ、肉を入れてもみこみます。肉と肉の間にレモンの半月切りを入れます。空気を抜きながら袋の口をとじます。冷凍します。

●食べるとき ▶▶▶ 半解凍（p.13）

4 レモンは半月切りにします。ブロッコリーは小房に分けて、熱湯でゆでます。

5 肉の汁気をふきます。フライパンにサラダ油を温め、肉を入れます。弱めの中火で焼き色がついたら裏返し、ふたをして約2分焼きます。肉と野菜を器に盛り、レモンを添えます。

15min 冷凍 調理時間 ＋ 15min 食べるとき 調理時間

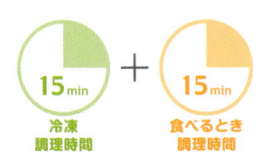

牛ステーキ肉のワイン漬け

手ごろだけどちょっとかためのもも肉は、赤ワインを使った漬け汁に漬けると、やわらかく、香りもぐっとよくなります。うま味のある漬け汁は、煮つめてソースにしましょう（山上）

材料（2人分）

●冷凍
- 肉
  - 牛もも肉（ステーキ用） — 小4枚（300g）
  - A
    - 塩 — 小さじ1/2
    - 黒こしょう — 少々
- 野菜
  - たまねぎ — 1/4個（50g）
  - にんじん — 30g
  - セロリ（軸、葉の部分も） — 1/2本（50g）
- たれ
  - 赤ワイン — カップ3/4
  - ローリエ — 1枚
- 保存袋（中） — 1枚

●食べるとき
- バター — 10g
- しょうゆ — 小さじ1
- クレソン — 1/2束

作り方　●1人分 368kcal

●冷凍
1. 牛肉を保存袋に入れ、Aを入れてよくもみこみます。
2. たまねぎ、にんじんは薄切りにします。セロリの太い部分は斜めの薄切りにします。
3. 1にたれと野菜を加え、よくもみます。空気を抜きながら袋の口をとじます。冷凍します。

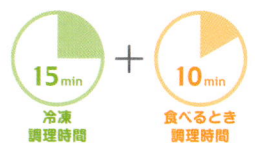

冷凍調理時間 15min ＋ 食べるとき調理時間 10min

●食べるとき　▶▶▶ 解凍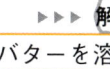

4. フライパンにバターを溶かし、肉を強めの中火で約1分ずつ両面を焼きます。皿に盛ります。
5. 続けて、野菜とたれをフライパンに入れて中火で煮つめます。しょうゆを加え、ざるでこしてソースにします。
6. 肉に5をかけます。クレソンを添えます。

漬け汁はここまでしっかり煮つめて

材料と調味料が1パック

さけのねぎ豆板醤（トーバンジャン）風味

2週間冷凍保存 / お弁当

旬の生さけは脂がのっておいしく、使いやすいので人気です。ピリ辛の豆板醤味はごはんがすすむのでお弁当にも最適。ねぎがこげやすいため、弱めの火加減で焼きましょう（浜村）

材料と調味料が1パック

材料（2人分）

●冷凍
- 魚
  - 生さけ — 2切れ（200g）
  - A
    - 塩 — 小さじ1/6
    - 酒 — 小さじ1
- たれ
  - 豆板醤 — 小さじ1/2
  - ごま油 — 小さじ1
  - ねぎ — 10cm
  - しょうが — 小1かけ（5g）
- 保存袋（中）— 1枚

●食べるとき
- サラダ油 — 小さじ1
- 〔つけ合わせ〕
- キャベツ — 1〜2枚
- かいわれだいこん — 1/2パック

作り方　●1人分 191kcal

●冷凍

1 さけは2つに切ります。Aをふり5〜6分おきます。
2 ねぎ、しょうがはみじん切りにし、保存袋にたれを合わせます。
3 さけの水気をふいて保存袋に入れ、たれをなじませます。空気を抜きながら袋の口をとじます。冷凍します。

●食べるとき　▶▶▶ 半解凍（p.13）

4 キャベツはせん切りにします。かいわれだいこんは根元を落とします。
5 フライパンに油を温め、さけをたれごと入れます。弱めの中火で焼いて焼き色がついたら裏返します。ふたをして約2分ほど焼きます。**4**と器に盛ります。

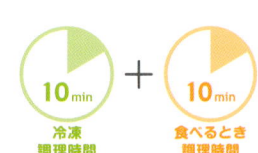

10min 冷凍調理時間 ＋ 10min 食べるとき調理時間

いかと野菜のしょうゆだれ

2週間 冷凍保存 / 子ども

いかは煮すぎるとかたくなりますが、凍った状態で具と一緒に煮始めれば、ちょうどよい具合に火が通ってやわらかく仕上がります。一緒に加えるとうふが、だしを含んでおいしい（山上）

材料（2人分）

●冷凍
- 魚
  - するめいか — 1ぱい（250～300g）
- 野菜
  - しょうが — 1かけ（10g）
  - さやいんげん — 30g
  - ねぎ — 1本
- たれ
  - 砂糖 — 大さじ1
  - しょうゆ — 大さじ3
  - 酒 — 大さじ3
  - みりん — 大さじ1

保存袋（中） — 1枚

●食べるとき
- もめんどうふ — 1丁（300g）

作り方 ●1人分 259kcal

●冷凍

1 いかは内臓を引き抜き、足を切り離します。皮つきのまま胴とエンペラは1cm幅に切り、足は2本ずつに切ります。

2 しょうがは薄切りにします。いんげん、ねぎは3cm長さに切ります。

3 保存袋にたれを合わせ、**1**、**2**を入れます。空気を抜いて袋の口をとじます。冷凍します。

●食べるとき ▶▶▶ 凍ったまま（袋から出せる程度に解凍）

4 とうふは8つに切ります。

5 鍋にいかと野菜をたれごと入れ、弱火にかけます。煮汁がとけてきたら、いかと野菜を片側に寄せ、とうふを加えます。沸とうしたらアクをとります。

6 中火にし、いかに火が通って、とうふに味がしみるまで約5分煮ます。

ほとんど凍ったまま煮始めます

冷凍調理時間 15min + 食べるとき調理時間 10min

材料と調味料が1パック

あじのイタリアンハーブグリル

2週間 冷凍保存　子ども

一尾の魚も丸ごと冷凍できます。外側とおなかにハーブをぜいたくに
たっぷりと詰めると、とても香りよく、ごちそう風に仕上がります（山上）

魚

＋

野菜

▼

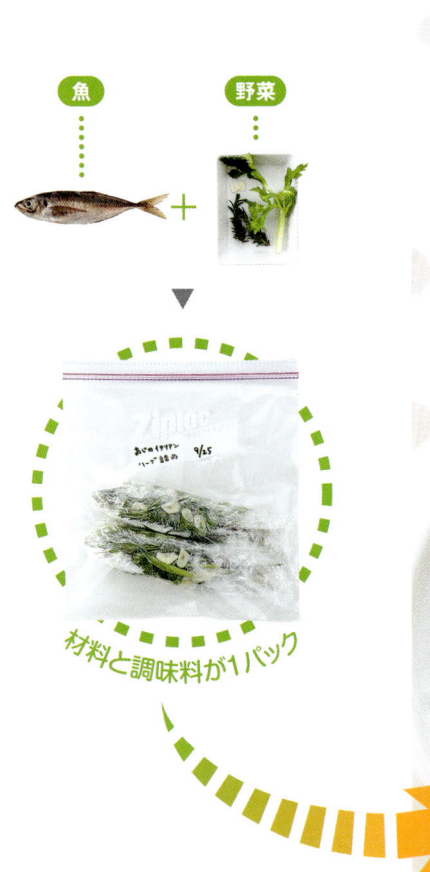

材料と調味料が1パック

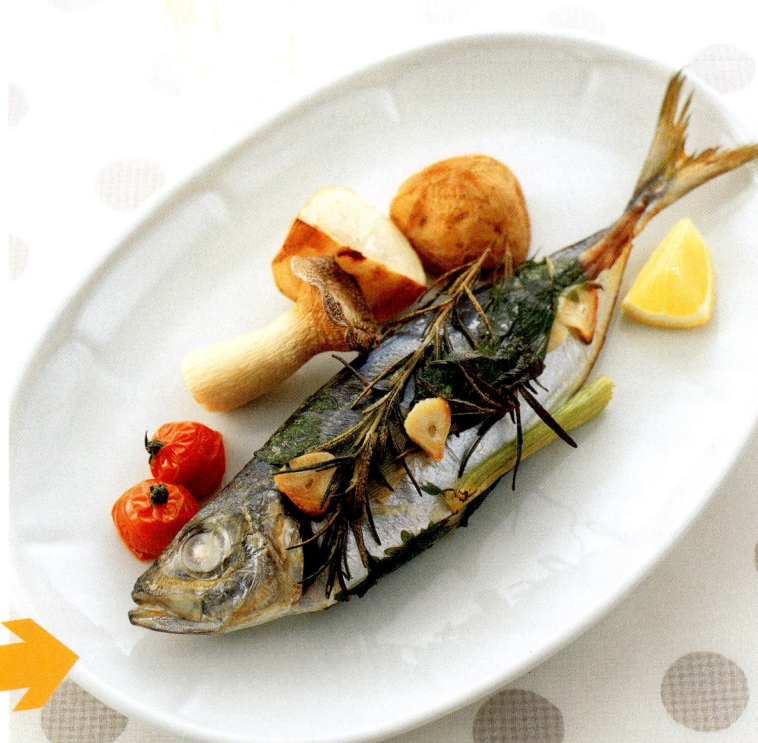

材料（2人分）

●冷凍

魚
- あじ* ― 2尾（300g）
- 塩 ― 小さじ1

野菜（A）
- にんにく（薄切り） ― 2片（20g）
- セロリ（葉、小枝） ― $\frac{1}{2}$本
- ローズマリー（生） ― 6枝

- オリーブ油 ― 小さじ2
- 保存袋（大） ― 1枚

*あじフライ用に開いたものや、いわしを使っても

●食べるとき
- エリンギ ― $\frac{1}{2}$パック（50g）
- ミニトマト ― 4個
- じゃがいも ― 1個
- レモン ― $\frac{1}{4}$個

作り方　●1人分 220kcal

●冷凍

1 あじはぜいごをとり、えらを除きます。腹に切りこみを入れ、内臓を除いて洗います（店に頼んでも）。ペーパータオルで水気をふいて、塩をふります。

2 おなかの中にAを$\frac{1}{6}$量ずつ詰めます。

3 ラップを大きめに2枚広げ、Aを$\frac{1}{6}$量ずつ広げ、あじをのせます。残りのAをのせてオリーブ油を小さじ1ずつかけます。ラップで包み、保存袋に入れます。空気を抜きながら袋の口をとじます。冷凍します。

ハーブはたっぷりと

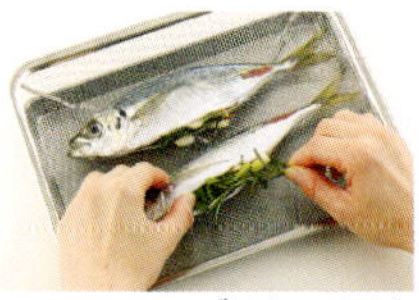

●食べるとき ▶▶▶ 凍ったまま

4 エリンギは大きければ、食べやすく切ります。じゃがいもは皮をつけたまま4等分します。

5 オーブン皿にあじをAの野菜ごとのせ、**4**とミニトマトものせて220℃のオーブンで約25分焼きます。皿に盛り、レモンを添えます。

※小さいあじなら、半解凍しラップをはずしてアルミホイルで包み、グリルで焼けます（約20分）。じゃがいもは6等分して、電子レンジで約4分加熱してから焼きます。

20min 冷凍調理時間 ＋ 30min 食べるとき調理時間

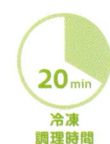

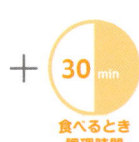

魚介のマリネ

2週間冷凍保存  子ども

食べるときは、凍ったまま全部一緒に電子レンジで加熱するだけ。レモンの酸味とワインがきいたおいしいマリネができあがります。冷やしてもおいしく、おもてなしにもぴったり（山上）

材料（2人分）

●冷凍

魚介
- えび — 6尾（120g）
- ほたて貝柱（刺し身用） — 大4個

野菜
- たまねぎ — 1/2個（100g）
- かぶ — 1個
- パプリカ（黄） — 1/2個（70g）
- レモン（輪切り） — 1/2個
- ローリエ — 1枚

たれ
- 酢 — 大さじ3
- 白ワイン — 大さじ2
- 塩 — 小さじ1/6
- こしょう（粒） — 少々
- サラダ油 — 大さじ2

保存袋（中） — 1枚

作り方 ●1人分 229kcal

●冷凍

1. えびは殻つきのまま背わたをとります。ほたて貝は大きければ、厚みを半分にします。
2. たまねぎは2〜3cm角、かぶは皮つきのまま5〜6mm厚さの輪切りにします。パプリカはひと口大に切ります。レモンは7〜8mm幅の輪切りにします。
3. 保存袋にたれを合わせ、魚介と野菜を入れます。袋の上からもんで味をなじませます。空気を抜きながら袋の口をとじます。冷凍します。

●食べるとき ▶▶ 凍ったまま（袋から出せる程度に解凍）

4. 深さのある耐熱容器に漬け汁ごとマリネを入れます。ラップをして電子レンジで7〜8分加熱します。途中1〜2回上下を返します。

凍ったまま加熱します

15min 冷凍調理時間 ＋ 10min 食べるとき調理時間

魚介 ＋ 野菜 ＋ たれ

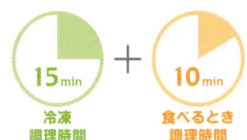

材料と調味料が1パック

あさりの韓国風スープ

冷凍したあさりは、スープや蒸し焼きにすると、ふっくらしておいしく食べられます。
キャベツも冷凍でき、加熱するとすぐにしんなりするので、生よりも調理時間が短縮できます（浜村）

材料と調味料が1パック

材料（2人分）

●冷凍

魚介	あさり — 200g

野菜	キャベツ — 2〜3枚（200g）
	たまねぎ — 1/4個（50g）
	にんにく — 1片（10g）

たれ	赤とうがらし — 小1本
	ごま油 — 大さじ1/2
	コチュジャン — 小さじ1
	塩・こしょう — 各少々

保存袋（大）— 1枚

●食べるとき

A	中華スープの素 — 小さじ2
	水 — カップ2 1/2
	酒 — 大さじ1

作り方　●1人分 92kcal

●冷凍

1 あさりは塩水（水カップ1/2＋塩小さじ1/2）に30分程度つけ、砂抜きします。水洗いして水気をきります。

2 キャベツの芯は薄切りにし、葉はひと口大に切ります。たまねぎとにんにくは薄切りにします。赤とうがらしは種をとり、小口切りにします。

3 保存袋にたれを入れて混ぜ、**1**と野菜を入れます。袋の上からもんでなじませます。空気を抜きながら袋の口をとじます。冷凍します。

●食べるとき　▶▶▶ 凍ったまま

4 鍋にAを沸とうさせます。あさりと野菜を加えてふたをし、あさりの殻が開くまで強火にかけます。途中で大きく混ぜます。

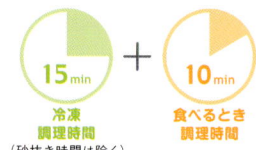

冷凍しておくと便利な野菜

使いきれずに残りそうなとき、特売で多めに買ったときは、野菜をダメにしてしまう前に冷凍しておきましょう。
汁ものや青味のほしいときに役立ちます。だいこんやじゃがいもなど、野菜によっては、
大きいままだと歯ざわりが悪くなるので、いつもより小さめに切る、薄切りにするなどして食べやすくしておきます。
くわしい冷凍の方法については p.54 を参照してください。　※冷凍保存のめやすは約2週間です。

ほうれんそう

ゆでて冷凍
凍ったまま加熱調理

ブロッコリー

ゆでて冷凍
凍ったまま加熱調理

グリーンアスパラガス・オクラ

ゆでて冷凍
凍ったまま加熱調理

トマト

生のまま冷凍
凍ったまま加熱調理

きゅうり・ゴーヤ

薄切りにし、塩もみして冷凍
自然解凍でそのまま、
もしくは加熱調理に

ししとう・パプリカ

生のまま冷凍
凍ったまま加熱調理

たまねぎ

いためて冷凍
凍ったまま加熱調理

じゃがいも

電子レンジで加熱して冷凍
凍ったまま加熱調理

かぼちゃ

加熱、または生で冷凍
凍ったまま加熱調理

きのこ

生のまま冷凍
凍ったまま加熱調理

やまのいも

生のままか
すりおろして冷凍
凍ったまますりおろすか、
自然解凍で使用

キャベツ

切って冷凍
凍ったまま加熱調理

ごぼう・れんこん

ゆでて冷凍
凍ったまま加熱調理

しょうが、にんにく

小分けにするか、すりおろす、
薄切り、みじん切りで冷凍
凍ったまま使用

ねぎ

小口切りにして冷凍
凍ったまま加熱調理

パセリ・ハーブ

葉をよく乾かしてから冷凍
凍ったまま使用

おうちで作る野菜ミックス

特売でたくさん買ったきのこや、残りそうな野菜は相性のいいもの同士を
組み合わせて、自家製のミックスベジタブルにしましょう。
冷凍しておけば、鍋にぽんと加えるだけで、野菜たっぷりの料理がすぐ作れます。

市販のものよりずっとおいしい
ミックスベジタブル

とうもろこし
- ゆでてほぐす
（ゆであるものなら、そのままほぐす）
- 30g

+

にんじん
- 7〜8mm角に切ってゆでる*
- 40g

+

さやいんげん
- ゆでて*7〜8mm長さに切る
- 30g

*湯300ml＋塩小さじ1/2の湯で約2分ずつ

冷凍　　1か月 冷凍保存

▲

合わせて 100g

使い方
凍ったままでも、温めても。
サラダ、いためものに

How to cook

ミックスベジタブルを使って

卵のスフレ

マヨネーズを使うとコクが出てふんわりと仕上がります。
全部混ぜてオーブントースターで焼くだけで作れます

お弁当　子ども　15min 調理時間

材料（2人分）
A ┌ 卵 — 1個
　│ ミックスベジタブル — 50g
　│ マヨネーズ — 小さじ1
　└ 塩・こしょう — 各少々
粉チーズ — 少々
アルミケース — 4個

作り方　●1人分 67kcal
1 オーブントースターは温めます。ミックスベジタブルは電子レンジで約1分温めます。卵をときほぐして、Aを混ぜます。
2 アルミケースを2重にして、**1**の卵液を入れます。粉チーズをふり、オーブントースターで6〜7分、固まるまで焼きます。

えびのバターライス

ミックスベジタブルに先に塩、こしょうをふっておくことで、まんべんなく味がつきます

お弁当　子ども　10min 調理時間

材料（2人分）
むきえび（小） — 60g
たまねぎ（みじん切り） — 1/4個（50g）
ミックスベジタブル — 100g
バター — 20g
温かいごはん — 300g
塩 — 小さじ1/4
こしょう — 少々

作り方　●1人分 386kcal
1 ミックスベジタブルは電子レンジで約1分温めます。塩、こしょうをふります。
2 フライパンにバターを溶かし、むきえび、たまねぎをいためます。たまねぎがすき通ってきたら、**1**を加えて混ぜ、ごはんを加えて混ぜながらいためます。

うま味たっぷり
きのこミックス

しいたけ
- 石づきを除いて、4等分
- 3個（50g）

＋

まいたけ
- 小房に分ける
- 1パック（100g）

＋

しめじ
- 小房に分ける
- ½パック（50g）

＋

えのきだけ
- 根元を切り、長さを半分にする
- 1パック（100g）

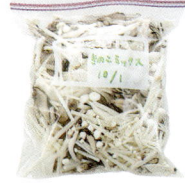

生のまま冷凍　2週間冷凍保存

▲
▲

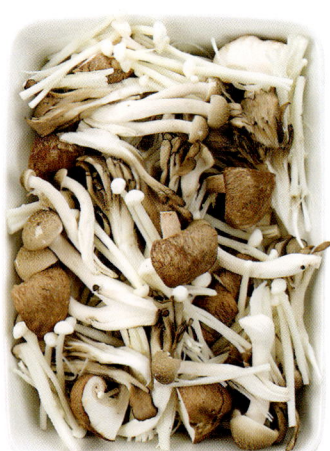

合わせて 300g

使い方
凍ったまま加熱。
いためもの、煮ものに
How to cook

きのこミックス を使って

とうふときのこの あんかけ汁

子ども

とろみのある汁ものは、体が温まります。家にある材料で作れるから、風邪をひきそうなときにもおすすめ

材料（2人分）　　　　　　　　　　　調理時間 10min

きのこミックス ― 1/2袋（150g）
もめんどうふ ― 1/3丁（100g）
ねぎ（緑の部分も）― 1/3本
油揚げ ― 1/2枚　　だし ― カップ2
A［塩 ― 小さじ1/2　しょうゆ ― 小さじ2
B［かたくり粉 ― 大さじ1　水 ― 大さじ2

作り方　●1人分 103kcal

1 とうふは1.5cm角に切ります。ねぎは1cm幅、油揚げは1cm幅のたんざく切りにします。Bは合わせます。
2 鍋にだしとAを入れ、凍ったままのきのこミックス、とうふ、油揚げ、ねぎを入れます。沸とうしたらアクをとり、Bを混ぜて加え、とろみをつけます。

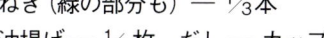
先生の かんたん recipe

牛肉ときのこの卵丼

冷凍しておいたきのこを使った、
わが家の定番レシピです（仙台教室　三戸祐美子）

牛切り落とし肉は**塩**と**酒**をふります。フライパンに**ごま油**を温め、ささがきにした**ごぼう**、**肉**、**しょうが**のせん切りをいためます。**冷凍きのこ**を加えて**砂糖**、**しょうゆ**、**酒**、**みりん**で味つけし、**卵**でとじて**ごはん**にのせます。

きのこのペペロンチーノ スパゲティ

いろいろなきのこに、にんにく風味がしっかりきいて、うま味たっぷり。絶品パスタです

材料（2人分）　　　　　　　　　　　調理時間 15min

スパゲティ ― 160g
きのこミックス ― 1/2袋（150g）
万能ねぎ ― 30g
にんにく ― 1/2片（5g）
赤とうがらし（小口切り）― 1/2本
オリーブ油 ― 大さじ2
パスタのゆで汁 ― 大さじ1
A［しょうゆ ― 小さじ1　塩・こしょう ― 各少々

作り方　●1人分 445kcal

1 万能ねぎは3cm長さに切ります。にんにくはみじん切りにします。
2 鍋に1.5ℓの湯をわかし、塩大さじ1（材料外）を入れてパスタを表示どおりにゆでます。
3 フライパンににんにく、赤とうがらし、オリーブ油を入れて弱火でいためます。香りが出たら、きのこミックスを凍ったまま入れ、1～2分いためます。
4 ゆであがったスパゲティの水気をきって**3**に加え、ゆで汁を大さじ1加えます。万能ねぎを加え、ひと混ぜしてAで味をととのえます。

食べごたえあり
ごろごろ野菜ミックス

ブロッコリー
- 小房に分け、小さめのひと口大に切る
- 100g

\+

たまねぎ
- 1.5cm幅のくし形に切る
- 100g

\+

じゃがいも
- 3cm角のひと口大に切る
- 150g

\+

にんじん
- 2〜3cm大に切る
- 50g

まとめて皿に広げ、電子レンジで約3分加熱して冷凍

2週間 冷凍保存

合わせて 400g

使い方
凍ったまま加熱。
スープやシチューに
（食感は多少かわります）

How to cook

ごろごろ野菜ミックスを使って

ごろっと野菜の
ホワイトシチュー

ごろごろ野菜ミックスとホワイトソース（p.44）の
ストックがあれば、全部一緒に5分煮るだけ

子ども

調理時間 10min

材料（2人分）
ごろごろ野菜ミックス ― 2/3袋（約250g）
ホワイトソース（p.44）― 1/4袋（約90g）
牛乳 ― カップ1
水 ― カップ1/2
ベーコン（かたまり）― 100g
塩 ― 小さじ1/6
こしょう ― 少々

作り方 ●1人分 396kcal
1 ホワイトソースは解凍しておきます。ベーコンは4つに切ります。
2 鍋にすべての材料を入れ、時々混ぜながら中火で5～6分煮ます。

ポトフ

野菜不足を一気に解消できます。トマトソースや
カレールウを入れてアレンジもできます

子ども

調理時間 10min

材料（2人分）
ごろごろ野菜ミックス ― 1/2袋（200g）
キャベツ ― 200g
ソーセージ（太めのもの）― 2本
A ┌ 水 ― 500ml
　└ スープの素 ― 小さじ1
塩 ― 小さじ1/8
こしょう ― 少々

作り方 ●1人分 222kcal
1 キャベツは芯をつけたまま2等分にします。
2 鍋にAを入れ、沸とうしたらすべての材料を入れて4～5分煮ます。塩、こしょうをふります。

食物繊維たっぷり
根菜ミックス

だいこん
- 5mm厚さのいちょう切り
- 150g

＋

ごぼう
- 斜め薄切り
- 50g

＋

にんじん
- 7mm厚さのいちょう切り
- 50g

＋

しいたけ
- 軸をとって薄切り
- 4個（50g）

＋

れんこん
- 7mm厚さのいちょう切り
- 100g

＝

合わせて 400g

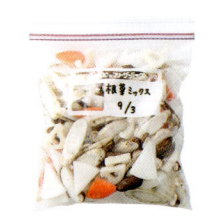

しいたけ以外をたっぷりの湯で約5分ゆでて冷凍

2週間 冷凍保存

使い方
凍ったまま加熱。
筑前煮、豚汁に
How to cook

根菜ミックスを使って

大豆の五目煮

毎日食べたい、体にいい豆の煮もの。
使いやすいカットわかめで、手間なく作れます

お弁当　子ども　15min 調理時間

材料（2人分）
根菜ミックス ― ½袋（200g）
大豆（水煮） ― 60g
カットわかめ（乾燥） ― 大さじ1（3g）
水 ― 大さじ2
A［だし ― カップ1
　　砂糖 ― 大さじ½
　　しょうゆ ― 大さじ1½
　　みりん ― 大さじ1
　　酒 ― 大さじ1］

作り方 ●1人分 113kcal

1 わかめは分量の水につけてやわらかくします（乾燥のまま煮汁に加えると、調味料を吸って塩味が濃くなるため）。

2 鍋にAを入れて火にかけ、沸とうしたら根菜ミックス、大豆、1の水気をつけたまま入れます。再び沸とうしたらふたをして、汁気が少なくなるまで、弱めの中火で約10分煮ます。

根菜のカレー

たまにはこんな具だくさんの和風カレーはいかが。
歯ごたえがあって食物繊維たっぷり、新鮮な味わいです

子ども　15min 調理時間

材料（2人分）
根菜ミックス ― ½袋（200g）
豚ばら肉（薄切り） ― 50g
ねぎ ― 10cm
A［水 ― カップ2
　　スープの素 ― 小さじ½］
カレールウ ― 2皿分（40g）
温かいごはん ― 300g

作り方 ●1人分 492kcal

1 豚肉は3cm長さに切ります。ねぎは小口切りにします。

2 鍋にAを入れ、沸とうしたら豚肉、根菜ミックスを加えます。アクをとり、中火で約6分煮ます。カレールウを入れて溶かし、弱火で3〜4分煮て最後にねぎを加えます。ごはんにかけます。

あるとうれしい 定番おかず&ソース

ぎょうざやミートソースは、家族みんなに人気の定番メニュー。しかも冷凍に向いているから「食べたい!」というリクエストにもすぐこたえられます。冷凍準備もすぐできて、いつもストックしておけるように、よりかんたんに、よりスピーディに作れる方法をお教えします。

定番 ポリ袋で混ぜる
ぎょうざ

2週間冷凍保存 / 調理時間 15min

ポリ袋を使って、材料全部を混ぜ、そのまま皮にしぼり出します。だから、手を汚さずぎょうざが作れます (池袋教室 田辺直子)

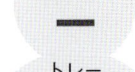

焼いて定番!

冷凍のコツ　トレーに粉をふるか、ペーパータオルを敷いて冷凍。凍ったら保存袋に移します。

煮てアレンジ!

材料 (24個分)
- 豚ひき肉 — 100g
- A
  - 酒 — 小さじ1
  - しょうゆ — 小さじ1
  - 塩 — 小さじ1/4
  - こしょう — 少々
  - ごま油 — 小さじ1
- キャベツ — 200g
  - 塩 — 小さじ1/4
- ねぎ — 30g
- にんにく — 1/2片 (5g)
- ぎょうざの皮 — 1袋 (24枚)
- ポリ袋 — 1枚
- 保存袋 (中) — 2枚

作り方　●1個分 30kcal

1 にんにくはすりおろし、野菜は、あらみじんに切ります(クッキングカッターにかけても)。キャベツは塩小さじ1/4をふって、水気を軽くしぼります。

2 ポリ袋にひき肉、1、Aを入れてよく混ぜます。

3 ポリ袋の角を1cmほど切り、ぎょうざの皮の中央に具をしぼります。ふちにぐるりと水をつけてひだを寄せながら、とじ合わせます。

point

具をしぼり出すめやすは梅干し大(直径約2.5cm)

具だけが余ったら
具に小麦粉小さじ1くらいを混ぜて、フライパンで焼いても

焼きぎょうざ 🧒子ども

冷凍したぎょうざを焼くときは、しっかり長めに蒸します

材料（2人分）
ぎょうざ — 12個
湯 — 適量
サラダ油 — 小さじ1
ごま油 — 小さじ1/2

⏱ 調理時間 10min

作り方 ●1人分 209kcal　▶▶▶ 凍ったまま

1 フライパンにサラダ油を中火で温め、ぎょうざを凍ったまま並べます。湯をぎょうざの高さの半分くらいまで加えてふたをし、中火で6〜7分蒸し焼きにします。
2 水分がほとんどなくなったら、ふたをとり、残った水分をとばします。ごま油を回し入れて1〜2分焼き、ぎょうざの底がパリッとしたら火を止めます。

ぎょうざ鍋 🧒子ども

冷凍ぎょうざのほかに用意するのは、家にある野菜とはるさめ。はるさめはもどさず使うから手間なしです

材料（2人分）
ぎょうざ — 12個　チンゲンサイ — 1株
はるさめ — 40g　にんじん — 30g
しいたけ — 2個

A［水 — 1ℓ
　中華スープの素 — 大さじ1
　酒 — 大さじ2
　塩 — 小さじ1/2
　こしょう — 少々］

たれ［しょうゆ — 大さじ1
　酢 — 大さじ1/2
　ラー油 — 少々
　（好みで）豆板醤 — 少々］

⏱ 調理時間 10min

作り方 ●1人分 296kcal　▶▶▶ 凍ったまま

1 チンゲンサイは葉と茎に分け、ざく切りにします。にんじんは3cm長さのたんざく切り、しいたけは石づきをとって半分のそぎ切りにします。たれは合わせます。
2 鍋にAを入れて火にかけ、沸とうしたらチンゲンサイの茎、はるさめ、にんじん、しいたけを入れます。
3 再び煮立ったら、ぎょうざ、チンゲンサイの葉を加えます。ぎょうざに火が通ったら、たれにつけて食べます。

アレンジいろいろ

麻婆ソース（マーボーソース）

1か月 冷凍保存

15min 調理時間

いつもの調味料だけを使って、麻婆なすや青菜のいためものにも使える、応用範囲の広いソースにしました　（難波教室　金井祥恵）

のせてアレンジ！

保存袋に入れ、小分けにして、冷凍します。（p.52）

冷凍のコツ

煮て定番！

材料（約250g分）

豚ひき肉 — 200g
A ┌ ねぎ — 60g
　├ しょうが — 1かけ（10g）
　└ にんにく — 1片（10g）
豆板醤 — 小さじ1
サラダ油 — 大さじ1½

B ┌ 砂糖 — 大さじ1
　├ みそ — 大さじ1½
　├ しょうゆ — 大さじ2½
　├ 酒 — 大さじ2
　├ 水 — 大さじ2
　└ 中華スープの素 — 小さじ1
保存袋（中） — 1枚

作り方　●全量 721kcal

1 Aはみじん切りにします。Bは合わせます。

2 フライパンにサラダ油を温め、Aを弱火でいため、香りが出たら豆板醤を加えます。

3 ひき肉を加え、ほぐしながらいためます。肉がパラパラになったら、Bを加えて3〜4分混ぜながら煮つめます。

だいこんの麻婆のせ

あっさりした味わいのだいこんでも、香ばしく焼いて麻婆ソースをのせれば、酒の肴になります

材料（2人分）
だいこん — 50g
麻婆ソース — 1/4袋（約60g）
ごま油 — 小さじ1

調理時間 10min

作り方　●1人分 116kcal　▶▶▶ 温めて

1 だいこんは皮つきのまま3mm厚さの輪切りを4枚とります。麻婆ソースは電子レンジで約2分加熱して温めます。
2 フライパンにごま油を温め、だいこんを両面焼き色がつくまで約2分ずつ焼きます。
3 皿にだいこんを盛り、麻婆ソースをのせます。

麻婆豆腐丼
（マーボードウフ）

麻婆ソースはかためなので、使うときは水を加えてのばします。とうふは電子レンジで温めるから手軽

材料（2人分）
もめんどうふ — 300g
麻婆ソース — 1/2袋（約120g）
水 — カップ1/2
B［ かたくり粉 — 大さじ1/2　水 — 大さじ1 ］
ごま油 — 大さじ1/2　ねぎ — 5cm
温かいごはん — 300g

調理時間 15min

作り方　●1人分 579kcal　▶▶▶ 凍ったまま

1 とうふは1.5cm角に切ります。ペーパータオルで包み、皿にのせて電子レンジで約2分加熱します。
2 ねぎは芯を除き、白い部分をせん切りにして水にさらし、水気をきります。Bは合わせます。
3 フライパンに麻婆ソースと分量の水を入れて火にかけます。煮立ったら、とうふを入れて約1分煮ます。混ぜながらBを混ぜて加え、とろみをつけ、ごま油を加えます。
4 器にごはんを盛り、3をかけてねぎをのせます。

完熟トマトで作る
生トマトソース

1か月 冷凍保存 / **調理時間 20min**

夏の盛りに山盛りで売られているトマトを見つけたら、ぜひ作ってみて。生のトマトならではのおいしさがぎゅっとつまったソースです （山上）

ソースとして！

保存袋に入れて小分けにし、冷凍します。（p.52）
冷凍のコツ

煮て味つけに！

材料（250g分）
- トマト ― 2〜3個（500g）
- たまねぎ（みじん切り）― 1/4個（50g）
- にんにく（みじん切り）― 1/2片（5g）
- A
  - 砂糖 ― 小さじ1/2
  - スープの素 ― 小さじ1/4
  - 塩 ― 小さじ1/4
  - こしょう ― 少々
- オリーブ油 ― 大さじ1
- 保存袋（中）― 1枚

作り方 ●全量 243kcal

1 トマトはへたをとり、2〜3cm角に切ります。

2 厚手の鍋にオリーブ油とたまねぎ、にんにくを入れて弱めの中火でいためます。香りが出たら1とAを加え、沸とうしたら中火で15分ほど煮ます。煮つまったら火を止めます。

point

トマトは皮をとらず、切ってそのまま加えます

蒸し野菜のトマトソースがけ

蒸し料理は栄養素が逃げず、野菜本来のおいしさを
堪能できます。おいしいトマトソースでたっぷりと食べます

子ども　　　　　　　　　　　　　　　20min 調理時間

材料（2人分）
じゃがいも ― 1個（150g）
パプリカ（赤または黄）― 1/2個（70g）
エリンギ ― 1/2パック（50g）
たまねぎ ― 1/2個（100g）
生トマトソース ― 1/2袋（約130g）

作り方　●1人分 145kcal　▶▶▶ 温めて

1 じゃがいもは皮をむいて4等分にします。パプリカは種をとり、3cm幅に切ります。エリンギは大きければ半分に切ります。たまねぎは芯を残して4つに切ります。
2 蒸気の立った蒸し器に**1**を入れ、15分蒸します。皿に盛ります。
3 トマトソースは電子レンジで約3分温めて、**2**にかけます。

とり肉のトマト煮

ソースにしっかりと味がついているので、肉をいためて鍋で
煮るだけ。切るものが少ないので、忙しい日にうってつけ

子ども　　　　　　　　　　　　　　　15min 調理時間

材料（2人分）
とり手羽中（ハーフカット）― 8本
生トマトソース ― 1/2袋（約130g）
いんげん豆*（水煮）― 50g　*大豆でも
オクラ ― 5本　黒オリーブ（種なし）― 6個
サラダ油 ― 大さじ1/2
塩・こしょう ― 各少々

作り方　●1人分 258kcal　▶▶▶ 凍ったまま

1 とり肉に塩、こしょう各少々（材料外）をふります。オクラは1cm幅に切ります。
2 フライパンにサラダ油を温め、とり肉を皮側から、焼き色がつくまで中火で焼きます。
3 いんげん豆、オクラ、黒オリーブ、トマトソースと水カップ1/4（材料外）を加えます。弱火で4～5分煮て、塩、こしょうで味をととのえます。

野菜ジュースで作る
ミートソース

定番 | 1か月 冷凍保存 | 調理時間 20min

いろいろな野菜を用意しなくても、野菜ジュースを入れることで、おいしいソースになります。フランスパンを入れるととろみがつき、短時間でできあがります　（浜村）

→ グラタンソースに！

→ パスタソースに！

冷凍のコツ
保存袋に入れ、小分けにして、冷凍します。（p.52）

材料（約250g分）
- 合びき肉 — 100g
- A
  - たまねぎ（みじん切り） — 1/4個（50g）
  - にんにく（みじん切り） — 1/2片（5g）
- B
  - 野菜ジュース* — 200ml
  - 水** — カップ1/2
  - スープの素 — 小さじ1/2
  - トマトケチャップ — 大さじ1
  - ローリエ — 小1枚
  - 塩 — 小さじ1/6　こしょう — 少々
- フランスパン — 1cm（10g）
  （パン粉なら大さじ1＋水大さじ1）
- オリーブ油 — 大さじ1
- 保存袋（中） — 1枚

*野菜の割合が多いもの
**ふつうの鍋を使うときは、蒸発量が少ないので加えません

作り方　●全量 451kcal

1 フライパンにオリーブ油を温め、Aを中火で約2分いためます。しんなりしたら、ひき肉を加えて、ほぐしながらポロポロになるまでいためます。

2 Bを順に加えて混ぜ、沸とうしたらアクをとり、パンを小さくちぎって加えます。ふたをずらしてのせ、時々混ぜながら中火で10分ほど煮こみます。

point
ジュースをそのまま入れるだけ

ミートソースのとうふグラタン

とうふが、食べごたえたっぷりの料理に大変身。とうふは
電子レンジにかけて水きりし、かためにしておくのがポイント

子ども

調理時間 10min

材料（2人分）
ミートソース — 100g
もめんどうふ — 1丁（300g）
スライスチーズ（溶けるタイプ）— 2枚

作り方　●1人分 259kcal　▶▶▶ 温めて

1 とうふは厚みを半分にします。それぞれペーパータオルで包み、電子レンジで約2分加熱します。
2 ミートソースは電子レンジで2〜3分加熱して温めます。
3 とうふをグラタン皿に入れてミートソースをのせ、チーズをちぎってのせます。オーブントースターでチーズが溶けるまで焼きます。

ブロッコリーとミートソースのペンネ

休日のランチにいかが。濃厚なミートソースには
ペンネを使うと、ソースがよくからみます

お弁当　子ども

調理時間 20min

材料（2人分）
ミートソース — 150g
ブロッコリー — 100g
ペンネ — 100g
　湯 — 1ℓ　塩 — 大さじ1/2
粉チーズ — 適量

作り方　●1人分 353kcal　▶▶▶ 温めて

1 ミートソースは、電子レンジで2〜3分加熱して温めます。
2 ブロッコリーは小房に分けます。茎は3cm長さに切って皮をむき、5mm厚さに切ります。
3 鍋に分量の湯をわかして塩を入れ、ペンネをゆでます。表示時間の1分前にブロッコリーを加えてゆで、一緒に水気をきります。ミートソースであえて器に盛り、粉チーズをかけます。

ダマにならない ホワイトソース

1か月冷凍保存 / **調理時間 20min**

子どもからグラタンのリクエストが多いので、ホワイトソースは必ず常備。たまねぎを使うと、初心者でもダマにならずに作れます。塩はしっかり加えて、味を決めましょう （福岡教室　椋野啓子）

グラタンソースに！

パンにアレンジ！

冷凍のコツ
保存袋に入れて、小分けにして、冷凍します。（p.52）

材料（約350g分）
- たまねぎ — 1/3個（70g）
- バター — 20g
- 小麦粉 — 大さじ4
- 牛乳 — カップ1 1/2
- A
  - スープの素 — 小さじ1/2
  - 塩 — 小さじ1/4
  - こしょう — 少々
- 保存袋（中） — 1枚

作り方　●全量 503kcal

1. たまねぎは薄切りにします（ごく薄めに切ると口当たりがよくなります）。
2. フライパンにバターとたまねぎを入れ、弱めの中火で2分ほどこげないようにいためます。たまねぎがすき通ってきたら小麦粉をふり入れ、1分ほど弱火でいためます。火を止め、牛乳の半量を加えてよく混ぜてから、残りの牛乳を混ぜます。
3. Aを加えて中火にかけ、混ぜながら加熱し、全体にとろみがついたら火を止めます。

point
先にたまねぎをいためます

小麦粉を入れたらしっかりいためると、粉っぽさがなくなります

グラタン 子ども

これぞ王道のシンプルグラタン

⏱ 20min 調理時間

材料（2人分）
とりもも肉 — 100g
A［塩 — 小さじ1/8　こしょう — 少々
グリーンアスパラガス — 2本
エリンギ（3cm長さの薄切り） — 50g　バター — 10g
マカロニ — 40g　B［湯 — カップ3　塩 — 小さじ1/2
ホワイトソース — 180g　牛乳 — カップ1/2
C［粉チーズ — 大さじ1　パン粉 — 大さじ1

作り方　●1人分 420kcal　▶▶▶ 温めて

1 ホワイトソースは解凍します。
2 とり肉はひと口大に切り、Aをふります。
3 アスパラガスは根元を切り落とし、2cm長さに切ります。マカロニをBで表示どおりにゆで、ゆであがり1分前にアスパラガスを加えて一緒に水気をきります。
4 フライパンを温めてバターを入れ、中火でとり肉をいためます。色が変わったらエリンギを加えていため、牛乳を加えてひと煮立ちしたら、1と3を混ぜます。
5 4をグラタン皿に半量ずつ入れて、Cをかけ、オーブントースターで色づくまで焼きます。

ふんわりホワイトトースト 子ども

ふんわりとした厚切りパンに、ソースがとろーりとからんで幸せ気分

⏱ 15min 調理時間

材料（2人分）
食パン（4〜5枚切り） — 2枚
ハム — 2枚　ピザ用チーズ — 30g
牛乳 — 50ml　ホワイトソース — 180g
パセリのみじん切り
　（冷凍でも） — 大さじ1

作り方　●1人分 478kcal　▶ 温めて

額縁にしたパンをのせます

1 食パン1枚はまわりを1.5cm残して切り抜き、中身はとりおきます。もう1枚のパンにのせます。
2 とりおいたパンは1cm大に切ります。ソースは牛乳を加えて電子レンジで2〜3分温めて、混ぜます。ハムはひと口大に切ります。
3 温めたソースに切ったパン、ハム、チーズを合わせて1に入れ、パセリを散らします。オーブントースターにそっと入れ、焼き色がつくまで焼きます。こげやすいので、途中でアルミホイルをかけます。

定番 カルシウム満点
さんまのすり身

2週間冷凍保存　20min 調理時間

おろした魚をクッキングカッターにかければ、あっという間にできあがり。手づくりならではの、ふんわりとしたおいしさです　（山上）

煮てアレンジ！

小分けにし、ポリ袋に入れて冷凍します。
冷凍のコツ

焼いてアレンジ！

材料（約300g分）
- さんま — 2尾（300g）
- ねぎ — 10cm
- しょうが — 小1かけ（5g）
- A
  - とき卵 — 1/2個分
  - 塩 — 小さじ1/8
  - かたくり粉 — 大さじ2
  - 酒 — 小さじ1
- ポリ袋 — 2枚
- 保存袋（中） — 1枚

作り方　●全量 764kcal

1 さんまは三枚におろします（店に頼んでも）。腹骨をとり、中骨についている身をスプーンでこそげとります。身は3等分に切ります。

2 ねぎ、しょうがは適当な大きさに切って、クッキングカッターでみじん切りにします。

3 2にさんまの身とAを加え、30〜40秒かけます。

※皮に縦の切りこみを数本入れておくと、皮が残りにくくなります

point
クッキングカッターを回すだけです

先生の 冷凍テク Technique of freezing

いかや魚の内臓などのにおいの強い生ごみは、ポリ袋を2重にし、ごみ出しの日まで冷凍庫に入れておくと、においが気になりません。ただし出し忘れには注意を!!（札幌教室 側瀬智美）

すり身汁

だしがたっぷり出て、栄養も抜群。
すり身と相性のいいごぼうはぜひ入れましょう

材料（2人分）
すり身 — 100g
ごぼう — 50g　こんにゃく — 1/3枚
ねぎ — 10cm
だし — カップ2　みそ — 大さじ2
七味とうがらし — 少々

作り方　●1人分 184kcal　▶▶▶　半解凍(p.13)
1 すり身は半解凍します。
2 ごぼうは斜め薄切りにし、水にさらして水気をきります。こんにゃくは3cm長さのたんざく切りにし、ねぎは斜め薄切りにします。
3 鍋にだし、ごぼう、こんにゃくを入れて火にかけます。沸とうしたら、すり身の袋の角をはさみで切り、ひと口大ずつしぼり入れます。アクをとって中火で2〜3分煮ます。
4 みそをとき入れて火を止め、ねぎを加えます。椀に盛り、七味とうがらしをかけます。

しぼり出しながら、さい箸で切ると大きさがそろいます

すり身の香り焼き

しそやのりと組み合わせて焼くと、魚のくせを感じさせません。お弁当のおかずに重宝します

材料（2人分）
すり身 — 200g
しその葉 — 2枚
焼きのり（3×6cm）— 2枚
サラダ油 — 小さじ1

作り方　●1人分 277kcal　▶▶▶　半解凍(p.13)
1 すり身は半解凍します。
2 すり身を4等分し、片面にしそ、のりをそれぞれ2つずつつけます。
3 フライパンに油を温め、すり身の面から約3分焼き、裏返して同様に焼きます。

いろいろ使える おかずの素

作っておくと、さまざまな料理にアレンジできる"おかずの素"を
ご紹介します。かんたんに作れます。

お手軽塩豚

2週間 冷凍保存

塩をふると、肉が熟成してうま味を増します。かたまり肉で作るのが一般的ですが、使いやすいようにとんカツ用肉で作りました　（山上）

お買得のときに、たくさん買って作っておきましょう

保存袋の中で作って、そのまま冷凍。使いたい分だけ、とり出して使います。

調理時間 5min
（おく時間は除く）

肉全体にしっかりまぶします

材料（2人分×2回分）
豚ロース肉（とんカツ用）
　— 4枚（400g）
塩 — 小さじ2
　（肉の重量の2.5%）

作り方 ●1人分 263kcal

1 肉をポリ袋に入れて塩をまぶし、冷蔵庫に入れます。肉汁が出たら、時々返して3日間おきます。そのまま冷凍します。

お手軽塩豚

塩豚と夏野菜のソテー

塩気のきいた肉とパイナップルを一緒に食べると、
ジューシーさとさわやかな風味が加わって、
ワンランク上のおいしさ

お弁当 / 子ども / 15min 調理時間

材料（2人分）
塩豚 — 2枚
ズッキーニ — 小1本
パプリカ（赤）— 1/3個（50g）
パイナップル（スライス、缶詰）— 2枚
サラダ油 — 大さじ1
塩・こしょう — 各少々

作り方　●1人分 366kcal　▶▶▶ 解凍
1 塩豚は解凍して水で洗い、水気をふきます。
2 ズッキーニ、パプリカは1.5cm角に切ります。パイナップルは1枚を8等分にします。
3 フライパンに油大さじ1/2を温め、2をいためて塩、こしょうをふってとり出します。
4 フライパンをきれいにして油大さじ1/2を温め、塩豚を焼きます。

塩豚とだいこんのスープ煮

塩豚からうま味たっぷりのだしが出るので、
具はだいこんだけのシンプルなスープにしました

子ども / 15min 調理時間

材料（2人分）
塩豚 — 1枚
だいこん — 200g
にんにく（薄切り）— 1/2片（5g）
万能ねぎ（小口切り）— 2本
水 — カップ2
黒こしょう — 少々

作り方　●1人分 154kcal　▶▶▶ 解凍
1 塩豚は解凍して水で洗い、水気をふきます。5mm厚さ、3cm幅のそぎ切りにします。だいこんは5mm厚さのいちょう切りにします。
2 鍋に1、にんにく、分量の水を入れて火にかけます。沸とうしたらアクをとり、ふたをして中火にし、約10分煮ます。
3 器に盛り、万能ねぎをのせ、こしょうをふります。

蒸しどり

1か月 冷凍保存

トマトソースと合わせてメインにしたり、ツナ缶の代わりにサラダに使ったりと、蒸しどりはたくさんの使い道がある便利なおかずです。お得な値段もうれしい（浜村）

> 電子レンジで加熱するから、手間なくできます

使いやすいように、切ってから1回分ずつ冷凍しても。

材料（4人分）

- とりむね肉 — 1枚（300g）
- A
  - 塩 — 小さじ1/3
  - こしょう — 少々
- 白ワイン（または酒） — 大さじ1
- ねぎ（緑の部分） — 10cm
- しょうが（薄切り） — 2枚

調理時間 10min

作り方　●1人分 144kcal

1. とり肉は皮にフォークで穴をあけます。身の厚いところは、半分深さまで2〜3か所切りこみを入れて厚みを均等にします。
2. 皮を上にして耐熱皿にのせ、Aをふり、ワインをかけます。ねぎとしょうがをのせ、ラップをふんわりとかけて電子レンジで3〜4分加熱します。とり出して裏返し、約2分加熱します。
3. ラップをしたままあら熱がとれるまでおき、むらします。 
4. さめたら汁気をきり、小分けにして冷凍します。蒸し汁はスープに使えます。

※むらすことでしっとりやわらかく仕上がります。加熱しすぎるとパサつくので注意

蒸しどり

蒸しどりのサラダうどん

冷たいうどんは、暑い日に最適。蒸しどりを加えることで、ボリュームも栄養バランスもよくなります

子ども　　　10min 調理時間

材料（2人分）
蒸しどり — 100g
ゆでうどん（冷凍でも）— 2玉（500g）
かいわれだいこん — 1/2パック
ゆで卵 — 2個
サラダ菜 — 4枚
めんつゆ（つけつゆ程度にうすめて）— 大さじ4〜5

作り方　●1人分 451kcal　▶▶▶ 解凍
1 うどんは表示どおりにゆで、水にとってざるにあげます。
2 かいわれだいこんは根を落とします。蒸しどりは解凍して細くさきます。ゆで卵は輪切りにします。
3 器にうどんと、具全部を盛り、めんつゆをかけます。混ぜて食べます。

チキン&アボカドのマフィンサンド

蒸しどりは淡泊な味わいなので、濃厚なアボカドと合わせました。バターのかわりに、わさびマヨネーズで

材料（2人分）
蒸しどり — 100g
アボカド — 1/2個
レタス — 1枚
イングリッシュマフィン — 2個
ミニトマト — 4個

A［マヨネーズ — 大さじ2
　　練りわさび — 小さじ1/4］

10min 調理時間

作り方　●1人分 368kcal　▶▶▶ 解凍
1 アボカドは皮をむき、5〜6mm厚さに切ります。蒸しどりは解凍して、4枚にそぎ切りにします。
2 マフィンは半分に切ってトーストします。Aを合わせて、マフィンに塗ります。
3 マフィンにレタス、蒸しどり、アボカドをはさみます。器に盛り、ミニトマトを添えます。

凍らせる前に知っておきたい おいしく食べる 冷凍のコツ

食品を凍らせるには「冷凍庫に入れればいい」と思っていませんか？「冷凍すると、おいしくなくて」と思っていませんか？冷凍と解凍のコツを知ることで、冷凍がぐっと便利に、解凍後も、よりおいしく食べられるようになります。

冷凍保存 9つのコツ
9 points

point 1 冷凍に向かないものは冷凍しない

ゆで卵や一度解凍したものなど、食感がかわったり、味がぐっと落ちるものは冷凍しないようにします。ただし、料理、解凍法によっては食べられるものもあります。

● **食感がかわるもの**
とうふ、たけのこ、こんにゃく、ゆで卵
● **分離する**
牛乳、生クリーム
● **品質が悪くなる**
一度解凍したもの

point 2 新鮮なうちに冷凍する

肉や魚などは使いきれなかったからと、鮮度が落ちてきたものを冷凍するのではなく「新鮮なものを、新鮮なうちに」冷凍しましょう。

point 3 「使うとき」を考えて、小分けにする

どーんと一気に保存袋に入れて冷凍すると、解凍に時間がかかり、いざ使うときに大変です。小分けにしてラップで包んだり、使う分だけ折れるように薄く冷凍します。

ソース類、お弁当のおかずを冷凍するなら

空気を抜きながら、平らにして口を閉じる
→ トレーにのせ、分けたいところにさい箸を押し当てて平らに冷凍 
→ 固まったら箸をはずす。折って筋目をつけるとなおよし 
→ お弁当に入れるものは、カップに入れた状態で冷凍しても

point 4 さます、水気をとって冷凍する

冷凍庫の温度を上げてしまわないように、温かいものは必ずさましてから冷凍庫へ入れます。また霜を防ぐため、余分な水分は冷凍前にペーパータオルでとります。

point 5 空気を抜いて、密封する

空気が入っていると酸化が進みやすく、また密封されていないと霜、においがつきます。ラップで包んだだけだと、庫内ではがれやすいので、保存袋に入れます。

point 6 内容・日付を書く

冷凍すると、中身の見分けがつきにくくなります。「あれ、これ何だっけ？」とならないように、冷凍するときには内容と日付を必ず書きます。冷蔵庫にリストを貼り、冷凍するたびに記入しておくと便利です。
冷凍に便利なグッズについてはp.55。

くり返し使う容器には、貼ってはがせるマスキングテープが便利

冷凍リストを作って、使ったら消していきます

point 7 厚みを薄くして、急速冷凍する

冷凍による味落ちを防ぐには、中心までできるだけ早く、"一気に"凍らせることがポイントです。買ってきた肉や魚は、ひと手間でも肉や魚が入っている発泡トレーから出し、ラップに薄く広げて、熱伝導率のよいアルミやステンレスのトレー、冷凍庫内のフリージングトレーにのせて冷凍しましょう。

point 8 冷凍する場所、保存場所は分ける

冷蔵庫と違い、冷凍庫にはある程度（引き出しタイプなら9割くらい）食材が詰まっていたほうが冷却効果が出て温度が安定します。そうはいっても、冷凍品の間に常温の食材を詰めてしまうと、冷凍庫内の温度が不安定になって品質が落ちます。冷凍する場所、ストックする場所は分けておくようにします。

point 9 生ものは2週間以内に

冷凍したからといって、いつまでももつわけではありません。特に家庭の冷凍庫は業務用のものと比べて温度が高めなので、品質は日々落ちていきます。火の通っていない肉や魚、野菜なら2週間、加熱したものなら1か月をめやすに食べきるようにしましょう。

くらべてみよう　　　冷凍して1時間後
1 hour after

パックのまま冷凍　VS　パックから出し、ステンレストレーにのせた場合

まだ凍っていません　　　まわりが凍り始めています

肉・魚・野菜の冷凍のコツ

冷凍のコツを知って、かしこく冷凍しましょう。

肉 Meat

ラップに包んで冷凍します。使いやすいように小分けにしても

ひき肉はいたみやすいので、いためてから

魚 Fish

いたみやすいので、基本的にしょうゆと酒などで下味をつけてから、冷凍します

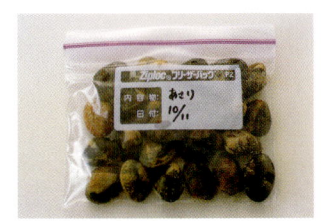

貝類(砂抜きして、洗ってから)、ちりめんじゃこ、しらす干しはそのまま保存袋に

野菜 Vegetable

● ブロッコリー、ごぼう、だいこんなど

1. かためにゆでる
竹串がやっと通るくらいにゆでます

2. 水気をとる
ざるにとってさまし、ペーパータオルで水気をとります

※じゃがいもはくずれやすいので、ゆでるよりも電子レンジ加熱が向きます

● 青菜類

〔アクの強い野菜〕
ほうれんそうやしゅんぎくなど

1. かためにゆでる
たっぷりの湯で、ふつうより少しかためにゆでます

2. 水気をしっかりしぼる
水にとってから、しっかり水気をしぼります。さらにペーパータオルで水気をとります

3. 小分けする
使いやすいように4〜5cm長さに切り、小分けします

〔アクの少ない青菜〕
こまつなやチンゲンサイなど

いためものや煮ものに使うなら、生のまま冷凍できます。おひたしやサラダなら、かためにゆでて

あると便利な冷凍&解凍グッズ

**冷凍するとき、解凍するときに便利な道具です。
ペンやテープ、メモなどは使いやすいものを一式セットにして冷蔵庫の
そばに置いておくと、冷凍するときの作業が効率よく、手間なくできます。**

ファスナー付きの保存袋
使うサイズをそろえておくと、庫内がすっきり整理できます。

保存容器
ふたをしたまま電子レンジにかけられるものだと便利です。役立つのは5cm角くらいの小さめの容器。ちょっと残って冷凍したい食材や、汁気のあるものなどに向きます。同じ形のものをいくつかそろえておきましょう。

ラップ
ちょっとしたものを包むことも多いので、幅の短いものがあると便利。

油性ペン
キャップのないノック式のものだと、片手でさっと使えます。

テープ
くり返し使う保存容器などにメモをするなら、マスキングテープ、養生(ようじょう)テープなどの貼ってはがせるテープがおすすめ。ホームセンターで買えます。カラフルなものも文具店・雑貨店で売られています。

ステンレスやアルミのトレー
すばやく冷気を伝えるので、急速冷凍させるのに役立ちます。自然解凍するときにもトレーを使うと、解凍が早まり、出てくる水気を受けることができます。

おいしさのカギは**解凍**にあり！

いざ使うときになって、カチンカチンに固まっていて使えなかったり、
解凍しすぎておいしく食べられなかったりすることがあります。
冷凍品を上手に使いこなすには、「解凍」が重要です。

* * *

解凍タイムテーブル
めやす時間です。季節や食材によって解凍の具合は変わるので、注意しましょう。

冷凍庫から出すとき ↓

オススメ

解凍方法	タイミング	方法
冷蔵庫で解凍	当日の**朝**（半日前）	トレーや容器に入れて冷蔵庫に移す
室温で解凍	当日の**昼**（3〜4時間前）	 トレーや容器に入れてラップをかけ、涼しいところにおく（生ものや梅雨どき、暑いときは避けます）
室温で解凍	調理前 **30**分	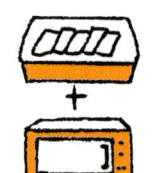 室温＋場合によっては電子レンジで解凍
急いで解凍	調理前 **15**分	 電子レンジまたは流水で解凍

当日の**夜**

らくちーん

使うとき ↓

いろいろな解凍法

1. 〔ゆっくりと〕自然解凍
- 生もの
- 半調理品

夏場や生の魚介などは冷蔵庫で解凍します。室温で解凍すると、その間に細菌が繁殖することがあるので、食中毒を防ぐために、生ものなどの室温解凍はできるだけ避けます。

a. 冷蔵庫で解凍
トレーなどにのせて、冷蔵庫でゆっくり解凍します。

朝出かける前に、冷凍庫から冷蔵庫に移しておきます

b. 室温で解凍
涼しいところにおきます。夏は食品がいたむので避けます。

日が当たらないように注意しましょう

先生の冷凍テク Technique of freezing
使っていないグリルの網にトレーをのせて食材をのせると早く解凍できます。さらにトレーをのせても

2. 〔急いで〕電子レンジで解凍
- 生もの
- 半調理品
- 調理ずみのもの

電子レンジは電波を食品全体に当てて、熱を通します。短時間で一気に加熱するため、気をつけないと水分がとびすぎてパサパサになります。肉や魚などを解凍する場合は、解凍（弱）機能を使い、解凍ムラや加熱しすぎがないようにします。

電子レンジの加熱時間が長すぎると、一部が煮えてしまいます

電子レンジのマイクロ波は角や細いところに集まるので、四角い容器だと加熱ムラができます。丸い容器のほうが早く温まります。

くらべてみよう　2分間の加熱 / 2 minutes

四角い容器 VS 丸い容器
▼　　　　　　　▼
中心まで加熱されていません　／　加熱されています

いろいろな**解凍法**

3. 〔急いで〕
流水解凍
- 生もの
- 調理ずみのもの

調理前に急いで解凍するときに。水が入らないようにして、水を少しずつ出しながら、流しで解凍します。

ボールに保存袋ごと入れて、細く水を流しながら解凍

先生の 冷凍テク Technique of freezing

まぐろのさく、いかなど、カチンカチンに凍った魚介類は2％程度の塩水（1ℓの水に大さじ1の塩）につけると、うま味を逃さずに解凍できます

4. 〔超特急〕
合わせワザ解凍
- 調理ずみのもの

シチューやカレー、ソース類などは、凍った状態から熱くなるまで電子レンジだけで加熱すると、水っぽくなります。また、密閉した状態で電子レンジで長時間加熱すると、保存袋が破裂することもあります。それを防ぐには、保存袋から中身がすっととり出せるくらいまで電子レンジで解凍し、そのあとは鍋で煮つめましょう。余分な水気がとんで、ぐっとおいしくなります。

保存袋のまま電子レンジで加熱しすぎると、袋が破れることがあるので注意

くらべてみよう 温めの方法 how to heat

電子レンジだけで解凍
▼
水っぽさが残ります

VS

電子レンジで解凍後、鍋で煮つめたもの
▼
水気がとんで、作りたてに近い状態にもどります

······ 解凍したら ······

解凍したら、なるべく早く食べます。
冷凍すると、食品中の細菌は活動を止めます。しかし、細菌はいなくなるわけではないので、解凍で食品の温度が上がると、再び活動を始めてしまいます。さらに解凍後の食品は、組織が壊れているので、冷凍前よりも腐敗が進みやすい状態になります。解凍は、細菌が繁殖しないように低い温度で行い、解凍したらなるべく早く食べましょう。

先生の 冷凍テク Technique of freezing

厚みのあるパンや中華まんじゅう
電子レンジで10～20秒加熱して中心を温めてから、トースターや蒸し器を使うと時間が節約でき、おいしく食べられます

☃ 冷凍庫整理法

食品を冷凍庫に入れただけでは、何をどこに冷凍したかわからなくなってしまいます。
さがしもので冷凍庫を開けっ放しにしたり、冷凍したことを忘れてむだにしてしまうことのないように、
冷凍庫をすっきりさせましょう。家族みんながわかるようにすれば、家を留守にするときにも助かります。

冷凍庫の形はいろいろですが…　　すぐ使えるようにすること

そのためには

冷凍する形をそろえる
保存袋に入れるときは、冷凍庫の高さに合わせるように入れます。欲ばって目いっぱい入れると、袋が破けることもあります。

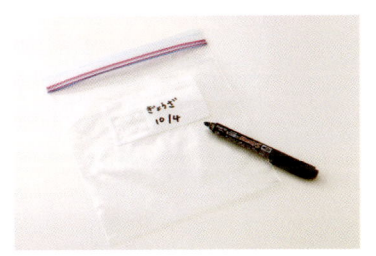

メモする
冷凍する前に、日付と内容を忘れずに油性ペンで書きます。保存容器を使う場合は、はがせるテープを使うとくり返し使えます。

目的別、素材別で分類する
素材、おかず、パン・ごはんものなど、わかりやすく分類しましょう。厚紙などでインデックスを作っておくと、だれでも見つけやすくなります。

立てる
保存袋は立てて入れ、冷凍庫を開けたときに、ラベルが見えるようにしておきます。

リストを作っておく
冷凍リストを作り、冷蔵庫に貼っておくと、何が残っているかがひと目でわかります。使ったら消します。

すべて使いきって、大掃除
汁がもれたり、食材が落ちたりしたところから雑菌が繁殖します。計画的に冷凍庫の中をからにして、月に1度は大掃除しましょう。

☃ 冷凍リスト

きれいに作らなくても、紙に手書きのもので充分です。
記入するときのポイントは日付順に書くだけではなく、
種類ごとに分けること。そうするとお弁当や夕食など、
使いたいときに何が残っているかパッとひと目でわかります。
最初のほうに書いてあるものから使うようにし、
使い終わったものはペンでつぶしていけば、気分もすっきり。

冷凍しておいて、すぐお弁当

節約になって、健康にもいい、手づくりのお弁当。
でも、毎日のこととなるとやっぱり大変です。
長続きさせるコツは、ちょっとの手抜きと気楽な気持ち。
冷凍しておけるおかずなら、前もって作れるから
朝はとり出して詰めるだけ。
お弁当だけでなく、おかずがたりないときや、
ひとり分のランチとしても使えます。

お弁当専用のボックスに
入れておきましょう。
集まれば、手間の貯金箱

朝、冷凍庫からとり出して、
好きなものをチョイス。
そのまま詰められます

ひとり分のランチに
使ってもOK

あとは卵をゆでたり、
ミニトマトを入れて

だから

家族もびっくり、
おいしいお弁当の完成です

冷凍しておける お弁当の人気おかず　ベスト3

1. ハンバーグ
　　定番人気。お弁当には小さめに

2. とりのから揚げ
　　さめてもおいしい、かあさんの味

3. さけの南蛮漬け
　　お弁当にはやっぱり便利なさけ

お弁当用 冷凍ボックスを作ろう

お弁当作りをするなら、用意しておきたいのが専用の"冷凍ボックス"。
お弁当のおかずを冷凍するときはいつもここに保存するようにすると、
忙しい朝でも迷うことなくお弁当に詰められます。
「冷凍で持参可」マークのあるおかずは
凍ったままで持って行けるので、さらにらくです。

※冷凍すると、照りや食感が多少落ちることもあります

Check!
ごはんものや小さいおかずなどに分けてラベルをつけておこう

Check!
日付は忘れずに

Check!
容器は四角いものが、場所をとりません

わざわざ作らなくても、夕食用に作っておき、とり分けて冷凍すると手間いらずです

ボックスごとさっととり出して、さっと戻せます。冷凍庫を開けながら、あちこちさがさずにすみます

これだけあれば、安心!
冷凍ボックスに詰めておくと、便利なおかず

大きいおかず
- とりのから揚げ
- とり肉のチリソース
- さけの南蛮漬け

小さいおかず
- スピードひじき煮
- かぼちゃとトマトのレンジ煮
- きのこのきんぴら
- ブロッコリーのクリーム焼き
- 高野どうふの含め煮
- かぼちゃボール
- にんじんのごまみそいため
- かぶの甘酢漬け
- 切り干しナポリタン

…ほかにデザート、ごはんものなど

ほっとできる かあさんの味弁当

Monday *menu*

- おにぎり
- とりのから揚げ (p.70)
- 卵ののりロール (p.80)
- きのこのきんぴら (p.87)
- ころころマッシュポテト (p.81)
- ミニトマト

小さめのおにぎりを3個にぎってさまします。凍ったままおかずを詰めます。
すき間の穴うめにミニトマトを入れます。

火曜日 tue らくらく作れる お肉弁当

Tuesday menu

- 三角ハンバーグ (p.72)
- かぼちゃとトマトのレンジ煮 (p.86)
- キッシュ風卵焼き (p.80)
- さつまいものりんごジュース煮 (p.86)
- ごはん

ごはんはさまします。凍ったままハンバーグを詰め、解凍したかぼちゃとトマトのレンジ煮をさましてのせます。ほかのおかずは凍ったまま詰めます。

水曜日 ガツンと食べたい ボリューム弁当

Wednesday menu

薄切り肉のボリュームカツ (p.74) の卵とじ丼

ししとうとじゃこのぽん酢いため (p.85)

カツはめんつゆで煮て、とき卵でとじてさまします。さましたごはんにのせます。
ししとうのぽん酢いためは凍ったままのせます。

木曜日 らくらく作れる お魚弁当

Thursday menu

- かじきの オイスターいため (p.75)
- ミニお好み焼き (p.81)
- ひと口キャベツ (p.78)
- かぶの甘酢漬け (p.82)
- ゆかりごはん

ごはんはさまします。おかずは凍ったまま詰め、お好み焼きに、ソース、けずりかつお、青のりをのせます。

金曜日 fri 飲み会の日の マクロビ風弁当

Friday *menu*

- 車麩のしょうが焼き (p.74)
- かぼちゃボール (p.79)
- にんじんの ごまみそいため (p.78)
- スピードひじき煮 (p.83)
- 玄米ごはん

ごはんはさまし、おかずは凍ったまま詰めます。

休日のお出かけ ランチボックス弁当

土曜日 sat

Saturday menu

- ツナピラフ (p.88)
- ハーブソーセージ (p.72)
- ブロッコリーのクリーム焼き (p.79)
- きのこのイタリアンソテー (p.82)
- シンプルチーズケーキ (p.91)

**ピラフは温め、ソーセージは軽くいためて、さまします。
ほかのおかずとケーキは凍ったまま詰めます。**

大 きいおかず

たんぱく源になるおかずです。薄切り肉は具を包んでボリューム感を出したり、ハンバーグ、コロッケは小さくしたりと、見た目と食べやすさを考えて作りましょう。夕飯を兼ねて作るとらくです　（銀座教室　沼田美和子）

※1単位は女性のお弁当に入れる1回分の量です。

とりのから揚げ

衣にかたくり粉と小麦粉を合わせて使うと、カリッと仕上がります

1か月冷凍保存／冷凍で持参可／子ども

材料（4単位分）
とりもも肉（から揚げ用） — 300g

A
- しょうが（すりおろす） — 1かけ（10g）
- 塩 — 小さじ1/2
- はちみつ — 大さじ1
- しょうゆ — 大さじ1/2

B
- 水 — 大さじ2
- 小麦粉* — 大さじ3
- かたくり粉* — 大さじ3

揚げ油 — 適量

*倍量にして、どちらか一方でもかまいません

作り方　●1単位分 265kcal

1 Aは合わせます。肉にAをもみこんで、20〜30分おきます。
2 Bを順に1に加えて混ぜ、からめます。
3 深めのフライパンに1.5cm深さまで揚げ油を入れます。中温（170℃）に熱し、3回くらいに分けて揚げます。

※自然解凍でも食べられますが、電子レンジで少し加熱し（ラップなし）、オーブントースターで温めるとカリッとします

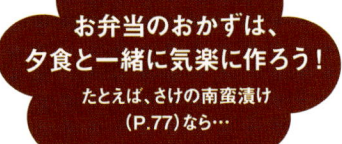

調理時間 20min（つけおく時間は除く）

お弁当のおかずは、夕食と一緒に気楽に作ろう！
たとえば、さけの南蛮漬け（P.77）なら…

料理の小ワザ

さけ4切れを買って  → 2切れはひと口大に切る／2切れはそのまま  → 酒と小麦粉をふって、それぞれ油で焼く  → 南蛮漬けにして冷凍／ソテーは夕食に食べます

とりつくね

定番人気のおかず。
しそをたっぷり入れるので香りよい

1か月 冷凍保存 / 冷凍で持参可 / 子ども

20min 調理時間

材料（3単位分）
- とりひき肉 — 200g
- しその葉 — 5枚
- A
  - とき卵 — 1/2個分
  - 酒 — 大さじ1
  - 塩 — 小さじ1/6
  - しょうが — 小1かけ（5g）
- かたくり粉 — 大さじ1
- サラダ油 — 大さじ1/2
- B
  - 砂糖 — 大さじ1/2
  - みりん — 大さじ1
  - しょうゆ — 大さじ1
  - 水 — 大さじ4

作り方　●1単位分 180kcal

1. Bは合わせます。しそはみじん切りにし、しょうがはすりおろします。
2. ひき肉にしそ、Aをよく混ぜ、ねばりが出たらかたくり粉を加えて混ぜ、6等分にして、小判形にまとめます。
3. フライパンに油を温め、中火で3〜4分焼きます。焼き色がついたら裏返し、ふたをしてさらに3〜4分焼きます。Bを加え、つくねにからめながら、中火で3〜4分、汁気がなくなるまで煮つめます。

とり肉のチリソース

とろみづけはかたくり粉でなく小麦粉でつけると、解凍後もあまり水っぽくなりません

1か月 冷凍保存 / 冷凍で持参可

材料（3単位分）
- とりもも肉 — 300g
- A
  - 塩 — 小さじ1/6
  - こしょう — 少々
  - 酒 — 小さじ1
- 小麦粉 — 大さじ1/2
- サラダ油 — 大さじ1/2
- B
  - ねぎ（みじん切り） — 10cm
  - しょうが（みじん切り） — 1かけ（10g）
  - にんにく（みじん切り） — 1/2片（5g）
  - 豆板醤 — 小さじ1
- C
  - トマトケチャップ — 大さじ2
  - 酒 — 大さじ2
  - 砂糖 — 小さじ1
  - しょうゆ — 小さじ1

作り方　●1単位分 246kcal

1. 肉はひと口大に切ります。Aをもみこみ5〜6分おきます。小麦粉をふり、もみこみます。Cは合わせます。
2. フライパンに油を温め、肉を入れて押さえながら中火で両面を焼きます。Bを加えていため、Cを加えて混ぜます。とろみが出てきたら火を止めます。

15min 調理時間

大きいおかず

三角ハンバーグ

小さいフライパンで一度に大きく焼くから、1個ずつ丸める手間がはぶけます

1か月冷凍保存 / 冷凍で持参可 / 子ども

材料（3単位分）
合びき肉 — 200g
たまねぎ — 1/2個（100g）
バター — 5g
［パン粉 — カップ1/4
　牛乳 — 大さじ1 1/2］
卵 — 1/2個
塩 — 小さじ1/3
こしょう・ナツメグ — 各少々
サラダ油 — 大さじ1

調理時間 20min

作り方　●1単位分 244kcal

1 パン粉と牛乳は混ぜます。たまねぎはみじん切りにして耐熱皿に広げてのせます。バターをのせ、ラップなしで電子レンジで約2分加熱し、さまします。
2 サラダ油以外の材料を全部混ぜて、ねばりが出たらひとまとめにします。フライパン（直径約20cm）に油を温めます。火からおろし、ハンバーグ種を平らにのばします（やけどに注意）。中火で約2分、焼き色がつくまで焼いたら、裏返してふたをし、弱火で5〜6分焼きます。さめたら6等分します。

フライパンに肉を広げるだけ

ハーブソーセージ

市販品と見た目は違いますが、添加物が入らず安心。かんたんで味もばっちり

1か月冷凍保存 / 冷凍で持参可 / 子ども

材料（4本分）
豚ひき肉 — 150g
A ［塩 — 小さじ1/6
　こしょう — 少々
　（あれば）ナツメグ — 少々
　ドライハーブ* — 小さじ1/8
　小町麩** — 7〜8個（5g）
　にんにく（すりおろす） — 1/2片（5g）
　牛乳 — 大さじ2
　白ワイン（または酒） — 小さじ1］

*タイム、オレガノなど　**パン粉なら5g

作り方　●1本分 99kcal

1 麩は手で細かくつぶします（かたまりが残ってもよい）。肉にAを混ぜ、ねばりが出るまでしっかり混ぜます。4等分にし、直径約2cmの棒状にします。
2 ラップに竹串で4〜5か所穴をあけて、1を1本ずつ包みます。端をひねり、形を整えます。
3 耐熱皿にペーパータオルを2枚敷き、2を間をあけて並べます。電子レンジで3〜4分加熱し、しっかりさまします。ラップをとり、4cm長さに切ります。

調理時間 15min

両端はキャンディのようにひねります

食べるときは、油で軽く焼くとおいしい

野菜入りとりそぼろ

野菜嫌いの子どものために考えたレシピ。
うま味もたっぷり出ます

1か月冷凍保存 / 冷凍で持参可 / 子ども

調理時間 20min

材料（4単位分）
とりひき肉* — 200g
にんじん — 50g
干ししいたけ — 2個

A ［
　水＋しいたけのもどし汁を
　　合わせて — カップ½
　砂糖 — 大さじ1
　しょうゆ — 大さじ2
　みりん — 大さじ1½
　しょうが汁 — 小さじ1
　］

*もも肉のひき肉ならしっかりした味、むね肉ならあっさり味。半々ずつにしても

作り方　●1単位分 117kcal

1 干ししいたけは水カップ½（材料外）で、もどします（前日に冷蔵庫に入れておいても）。もどし汁はとりおきます。軸を除き、あらみじんに切ります。にんじんもあらみじんに切ります。

2 鍋に材料を全部入れて、さい箸4～5本でほぐすように混ぜます。ポロポロになったら、ふたをして中火にかけ、時々混ぜながら4～5分煮ます。にんじんがほぼやわらかくなったら、ふたをとって混ぜながら汁気をとばします。

※そぼろ丼用なら4単位分できます。卵焼きや、万能ねぎと一緒にごはんに混ぜても

これだけの野菜が入ります

牛肉のみそしぐれ煮

こっくりとした濃いめの味で、ごはんがすすみます

1か月冷凍保存 / 冷凍で持参可 / 子ども

調理時間 15min

材料（4単位分）
牛こま切れ肉 — 200g
しょうが — 1かけ（10g）

A ［
　みりん・酒・水 — 各大さじ2
　みそ・しょうゆ — 各大さじ1
　］

作り方　●1単位分 188kcal

1 しょうがはせん切りにします。
2 鍋に1とAを入れて煮立てます。肉を入れて、中火で汁気がなくなるまで、時々混ぜながら煮ます。

凍ったままごはんに混ぜても。ごはんの熱で解凍され、ごはんも早くさめます。暑い時期は、ごはんにすし酢を混ぜるとさっぱり食べられます

大きいおかず

薄切り肉のボリュームカツ

多めの油で焼くから手軽。具をはさめば、厚切り肉のようなボリューム感です

1か月 冷凍保存 / 冷凍で持参可 / 子ども

材料（2単位分）
- 豚もも肉（薄切り） — 8枚（200g）
  - 塩・こしょう — 各少々
- 油揚げ — 1枚
- 焼きのり — 1/2枚
- ピザ用チーズ — 30g
- 衣 [小麦粉 — 大さじ1 1/2
      とき卵 — 1/2個分
      パン粉 — カップ1/2]
- サラダ油 — 大さじ1 1/2

作り方　●1単位分 478kcal

1 のりは手で小さくちぎり、油揚げは縦半分に切り、細切りにします。

2 豚肉を2枚を1組にして広げて、塩、こしょうをふります。肉の半面に **1** とチーズを1/4量ずつのせ、肉をかぶせます。4つ作ります。

3 衣を順につけます。フライパンに油を温め、弱めの中火で両面に焼き色がつくまで焼きます。

肉をかぶせます

調理時間 20min

車麩（くるまふ）のしょうが焼き

もどさずに調味液につけて味をしみこませます。見た目よりジューシーで食べごたえあり

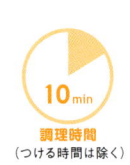

1か月 冷凍保存 / 冷凍で持参可 / 子ども

調理時間 10min（つける時間は除く）

材料（2単位分）
- 車麩 — 4個（16g）
- A [砂糖 — 大さじ1/2
     みりん — 大さじ1
     酒 — 大さじ1/2
     しょうゆ — 小さじ2 1/2
     しょうが汁 — 小さじ1/2
     水 — カップ1/4]
- 小麦粉 — 大さじ1
- サラダ油 — 大さじ1

作り方　●1単位分 137kcal

1 Aは合わせます。車麩をAに約20分つけてもどします。小麦粉をまぶします。

2 フライパンに油を温め、**1** の両面を弱火でこがさないように焼きます。食べやすいように、半分に切っても。

汁気を全部吸うまで、しみこませます

かじきのカレーいため

カレー粉と小麦粉を水でといて濃度のある調味液を作り、魚に味をしっかりとからめます

1か月 冷凍保存 / 冷凍で持参可 / 子ども

15min 調理時間

材料（3単位分）
- かじき ― 2切れ（160g）
- 塩 ― 少々
- A
  - 小麦粉 ― 大さじ1½
  - カレー粉 ― 小さじ½
  - 水 ― 大さじ1
- サラダ油 ― 大さじ1

作り方　●1単位分 132kcal

1 かじきはひと口大に切ります。塩をふって5～6分おきます。

2 ボールにAを混ぜ合わせます。1の水気をふいて入れ、Aを手でもみこみます。

3 フライパンに油を温め、弱火で両面を焼きます。

衣にねばりがあるので、手でもみこみます

かじきのオイスターいため

調味料をはじめに全部合わせておけば、いためるのはあっという間です

1か月 冷凍保存 / 冷凍で持参可 / 子ども

15min 調理時間

材料（3単位分）
- かじき ― 2切れ（160g）
- A
  - 塩 ― 小さじ⅛
  - 酒 ― 小さじ1
- B
  - ねぎ ― 5cm
  - しょうが ― 小1かけ（5g）
  - オイスターソース ― 大さじ½
  - 砂糖・しょうゆ ― 各小さじ1
  - 酒（または水）― 小さじ1
- サラダ油 ― 大さじ½

作り方　●1単位分 106kcal

1 かじきは3～4cm大に切ります。Aをまぶして5～6分おきます。

2 ねぎはみじん切りに、しょうがはすりおろしてBを合わせます。

3 フライパンに油を温めます。かじきの水気をふいてフライパンに入れ、中火で1分半くらいずつ両面を焼きます。Bを加えて火を強めにし、からめます。

大きいおかず

さけのマスタード焼き

スーパーでよく売られている、ふり塩のさけを使います。
マスタードで魚のくせが消え、上品な味です

1か月 冷凍保存 / 冷凍で持参可 / 子ども

15min 調理時間

材料（3単位分）
ふり塩さけ* — 2切れ（160g）
　塩・こしょう — 各少々
小麦粉 — 大さじ1
サラダ油 — 大さじ1/2
粒マスタード — 小さじ1

*スーパーの特売でよく売られる、さっと塩をふったさけ。甘塩でも

作り方　●1単位分 134kcal
1 さけはひと口大に切ります。塩、こしょうをふって約10分おきます。
2 さけの水気をふきとり、小麦粉を両面につけます。
3 フライパンに油を温め、弱めの中火でさけの両面を焼きます。ペーパータオルでフライパンの余分な油をふきとって、マスタードを加え、さけにさっとからめます。

さんまのかば焼き

さんまのかば焼きは、味もサイズもお弁当向きのおかず。ごはんにのせて丼にしても

1か月 冷凍保存 / 冷凍で持参可 / 子ども

15min 調理時間

材料（3単位分）
さんま — 2尾（300g）
小麦粉 — 大さじ1
サラダ油 — 大さじ1
A ┃ 砂糖 — 大さじ1
　┃ しょうゆ — 大さじ1 1/2
　┃ みりん — 大さじ1/2
　┃ 酒 — 大さじ1/2
いりごま（白）— 小さじ1

作り方　●1単位分 281kcal
1 Aは合わせます。さんまは頭と内臓をとって三枚におろします（店でやってもらっても）。小骨をとり半分に切ります。
2 さんまに小麦粉をまぶして余分な粉を落とします。
3 フライパンに油を温め、さんまの身を下にして中火で2〜3分焼きます。焼き色がついたら裏返し、1〜2分焼いてとり出します。
4 フライパンの汚れをふき、Aを入れて中火にかけます。煮立ったら、さんまを戻し入れ、すぐ裏返して火を止めます。ごまをふります。

さけの南蛮漬け

南蛮漬けにすれば、味がしっかりしみて解凍してもパサつきません

1か月 冷凍保存 / 冷凍で持参可

材料（3単位分）
ふり塩さけ — 2切れ（160g）
　酒 — 大さじ½
小麦粉 — 大さじ½
ししとうがらし — 8本
ねぎ — 10cm
A ┌ 砂糖 — 大さじ½
　│ 水 — 大さじ2
　│ 酒 — 大さじ1
　│ 酢 — 大さじ1
　│ しょうゆ — 小さじ1
　│ 赤とうがらし
　└ （小口切り）— 小½本
揚げ油 — 適量

作り方　●1単位分 129kcal

1 さけはさっと洗って塩気をとり、ふきます。3〜4つに切り、酒をかけて約5分おきます。

2 ししとうがらしは小さく切りこみを入れます。ねぎは斜め薄切りにします。ボールにAを合わせます。

3 さけの汁気をふき、小麦粉をうすくつけます。フライパンに深さ1cmくらいまで油を入れて中温（170℃）に熱し、ししとうがらしをさっと揚げてとり出します。続けて約2分ずつ、さけの両面を揚げます。熱いうちにAに漬けます。ししとうがらしとねぎを加えます。

熱いうちに漬けると、味がしみます

調理時間 15min

先生の冷凍テク Technique of freezing

冷凍できないと思われている食材も、おいしく変身します

その1　こんにゃく

こんにゃくは3〜4mm厚さ、3〜4cm大に切ってトレーに広げ、冷凍します。凍ったら保存袋に移します（約2週間）。

▶ ▶ ▶

先生のかんたんrecipe

冷凍こんにゃくのピリ辛煮

凍ったものを煮ると、食感がおもしろく、酒の肴にぴったり
（名古屋教室　佐藤友羽子）

材料（2人分）
冷凍したこんにゃく（薄切り）— ½枚
A ┌ 酒 — 大さじ1
　│ しょうゆ — 大さじ½
　│ ごま油 — 小さじ1
　└ 赤とうがらし（小口切り）— 少々

作り方　●1単位分 27kcal
1 鍋にこんにゃくを凍ったまま入れ、強火でいります。
2 水気が少なくなったら、Aを加えて煮つめます。

小 さいおかず

冷蔵庫にあるもので作れる、野菜を中心としたおかずです。きんぴらや煮ものなど、ケースに入れて冷凍し、そのままお弁当に詰められるから、素材を冷凍するよりも絶対便利！朝の時間に余裕が生まれます （難波教室　中野布季子）

にんじんのごまみそいため

にんじんはしっかりいためて、甘味を出します

1か月冷凍保存 / 冷凍で持参可 / 子ども

材料（4単位分）
にんじん ― 3/4本（150g）
A ┌ みそ ― 大さじ1
　├ 酒 ― 大さじ1
　└ みりん ― 大さじ1/2
ごま油 ― 大さじ1/2
すりごま（白）― 大さじ1/2

調理時間 10min

作り方 ●1単位分 45kcal
1 にんじんはいちょう切りにします。Aは合わせます。
2 フライパンに油を温め、にんじんを中火で3～4分いためます。しんなりしたらAを加え、混ぜながら汁気がなくなるまでいためます。ごまを混ぜます。

ひと口キャベツ

ゆでたキャベツをくるくるっと巻いて、お弁当用に食べやすくしました

1か月冷凍保存 / 冷凍で持参可 / 子ども

材料（4単位分）
キャベツ ― 1～2枚（50g）
カットわかめ ― 大さじ1/2
練り梅 ― 適量

調理時間 15min

作り方 ●1単位分 4kcal
1 キャベツは大きい葉は縦半分に切ります。ゆでるか、水気がついたまま電子レンジで2～3分加熱します。芯はけずって薄くし、水気をふいて2枚重ねます。
2 練り梅を少量ずつところどころに置いて、わかめを乾燥のまま、細かくくだいて置きます。手前からぐるっとしっかり巻き、両端を中に押しこみます。少しおいて3～4cm幅に切ります。

※わかめは水分を吸って増えるので、少ないくらいがちょうどよい

ブロッコリーのクリーム焼き

インスタントのコーンスープの素を
グラタン風のソースとして活用！

1か月冷凍保存 / 冷凍で持参可 / 子ども / 調理時間 10min

材料（4単位分）
ブロッコリー ― 1/3株（100g）
　湯 ― 500ml
　塩 ― 小さじ1/2
コーンスープの素（粉末）― 1袋（20g）
牛乳 ― 80ml
シリコンカップ（アルミケースでも）― 4個

作り方　●1単位分 42kcal

1 ブロッコリーは小房に分け、分量の塩を入れた湯でゆでます。水気をきって4等分して、ケース（薄いアルミケースなら2重にします）に入れます。

2 スープの素に牛乳を加えてとき、ラップをかけて電子レンジで約1分30秒加熱します。よく混ぜて、再び約1分30秒加熱します。さまして4等分ずつブロッコリーにかけます。

3 オーブントースターで焼き色がつくまで焼きます。

濃いめにときます

かぼちゃボール

材料はたった3つ。レーズンがかぼちゃの水分を吸って
やわらかくなるので食べやすく、ほどよい甘味を補ってくれます

1か月冷凍保存 / 冷凍で持参可 / 子ども

材料（3単位分）
かぼちゃ ― 200g
塩 ― 少々
レーズン ― 20粒（10g）

調理時間 10min

作り方　●1単位分 65kcal

1 かぼちゃは種とわたをとり、3cm角に切ります。耐熱皿にのせ、ラップをかけて電子レンジで4〜5分加熱します。

2 皮ごとフォークでつぶし、塩とレーズンを混ぜます。6等分にして1つずつラップで包み、口をひねります。

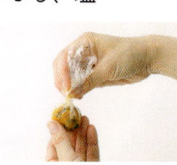

キュッとひねります

※かぼちゃがやわらかいときは、ラップをはずして電子レンジで1〜2分加熱するか、厚手のペーパータオルで包んで水分をとります

小さいおかず

キッシュ風卵焼き

具だくさんでごちそう風。
小さいフライパンひとつで作れます

1か月 冷凍保存 / 冷凍で持参可 / 子ども

15min 調理時間

材料（4単位分）
ほうれんそう ― 50g
にんじん ― 20g
ベーコン ― 1枚
サラダ油 ― 小さじ1
塩・こしょう ― 各少々
A [卵 ― 2個
　　牛乳 ― 大さじ2
　　ピザ用チーズ ― 30g]
サラダ油 ― 少々

作り方　●1単位分 108kcal

1 ほうれんそうは根元を落とし、2cm長さに切ります。にんじんは2cm長さの細切りにし、ベーコンは5mm幅に切ります。
2 小さめのフライパン（直径約20cm）にサラダ油小さじ1を温め、**1**をいためて塩、こしょうをふります。
3 ボールにAを合わせ、**2**を混ぜます。
4 同じフライパンにサラダ油少々を温め、**3**を流し入れます。ふたをして弱火で3〜4分焼き、焼き色がついたら裏返し、同様に焼きます。さめたら8等分します。

卵ののりロール

卵1個で作れます。火を止めてから巻くのがコツ

1か月 冷凍保存 / 冷凍で持参可 / 子ども

材料（3単位分）
卵 ― 1個
塩 ― 少々
焼きのり ― 1/4枚
サラダ油 ― 少々

5min 調理時間

作り方　●1単位分 30kcal

1 卵をときほぐし、塩を混ぜます。
2 卵焼き器に油少々を温め、卵液を入れて広げます。弱めの中火で焼き、表面が乾ききらないうちにのりをのせます。火を止めて巻きます。あら熱がとれたら6等分します。

さい箸を使って、くるくると巻きます

ころころマッシュポテト

じゃがいもとよく合うたらこを入れて。
マッシュポテトなら、冷凍しても食感がかわりません

材料（4単位分）
じゃがいも — 中1個（150g）
たらこ — 15g
A〔マヨネーズ — 大さじ1
　　こしょう — 少々〕

調理時間 10min
1か月冷凍保存　冷凍で持参可　子ども

作り方 ●1単位分 51kcal

1 じゃがいもは皮つきのまま半分に切ってラップをかけ、電子レンジで約2分30秒加熱、裏返して約2分30秒加熱してやわらかくします。たらこはラップでふんわりと包み、電子レンジの弱で約3分加熱します。
2 じゃがいもとたらこの皮を除いて、両方をボールに入れて一緒につぶします。さめたら、Aを加えてよく混ぜて8等分し、3cm長さの棒状にまとめます。1個ずつラップに包みます。

※詰めるときは、形を整えてドライパセリ（材料外）をふります

ミニお好み焼き

小さめのお好み焼きは、
お弁当だけでなくおやつにも便利

1か月冷凍保存　冷凍で持参可　子ども

材料（4単位分）
キャベツ — 100g
万能ねぎ — 5〜6本
紅しょうが — 5g
揚げ玉・さくらえび — 各5g
豚ばら肉（薄切り） — 50g
A〔お好み焼き粉* — 50g
　　卵 — 1/2個
　　水 — カップ1/4〕

*小麦粉50g＋だしの素小さじ1/2でも

調理時間 15min

作り方 ●1単位分 121kcal

1 キャベツはせん切り、万能ねぎは小口切り、紅しょうがはみじん切りにします。
2 Aを混ぜて、1と揚げ玉、さくらえびを加えて混ぜます。
3 肉は3〜4cm長さに切ります。フライパンに肉を広げて並べます。火にかけ、色づいたら裏返し、ひと口大ずつ2をスプーンでのせ、形を整えます。
4 ふたをして、弱火で4〜5分蒸し焼きにします。裏返し、さらに2〜3分蒸し焼きにします。

※食べるときにソース、マヨネーズ、けずりかつおなどをのせます

小さいおかず

かぶの甘酢漬け

甘酢に漬けて冷凍すると、食感はかわらずおいしく食べられます

1か月 冷凍保存 / 冷凍で持参可 / 子ども

材料（3単位分）
かぶ — 1〜2個（100g）
塩 — 小さじ1/8
A [砂糖 — 大さじ1/2
酢 — 大さじ1 1/2
水 — 大さじ1/2
赤とうがらし（小口切り）— 少々]

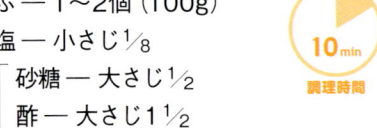

調理時間 10min

作り方 ●1単位分 13kcal
1 かぶは皮をむき、縦半分にして薄切りにします。塩をふって、しんなりしたらしぼります。
2 Aを合わせてかぶをあえます。
※汁気があるので、カップに入れて冷凍します

きのこのイタリアンソテー

歯ごたえのいい2種類のきのこをオリーブ油でシンプルにいためました

1か月 冷凍保存 / 冷凍で持参可 / 子ども

調理時間 5min

材料（4単位分）
しめじ — 1パック（100g）
エリンギ — 1/2パック（50g）
パプリカ（赤）— 1/3個（50g）
オリーブ油 — 大さじ1
塩・こしょう — 各少々

作り方 ●1単位分 40kcal
1 しめじは根元を除いて小房に分けます。エリンギは長さを半分に切り、4〜6つ割りにします。パプリカは種をとり、2〜3cm長さの細切りにします。
2 フライパンにオリーブ油を温め、1を入れ、塩、こしょうをふってしんなりするまでいためます。

スピードひじき煮

ひじきだけで作るから、忙しいときにもさっと作れます。
調味料もすべて同量ずつで、覚えやすい

材料（4単位分）
芽ひじき — 15g
サラダ油 — 大さじ1/2
A[酒 — 大さじ2
　 みりん — 大さじ2
　 しょうゆ — 大さじ2]

調理時間 15min（もどし時間は除く）

作り方　●1単位分 44kcal
1 ひじきはたっぷりの水に10〜15分つけてもどします。水気をきります。
2 鍋に油を温め、強火でひじきをいためます。Aを加え、ふたをして弱火で約10分、汁気がなくなるまで煮ます。途中で1〜2回混ぜます。

おからとひじきのごま風味サラダ

おから＋ひじきで、
食物繊維たっぷりのサラダです

材料（4単位分）
おから* — 80g
芽ひじき — 5g
枝豆（さやつき） — 50g
たまねぎ（みじん切り） — 30g
オリーブ油 — 大さじ1
A[塩 — 小さじ1/8
　 こしょう — 少々]
B[マヨネーズ — 大さじ4
　 すりごま（白） — 大さじ2]

*おからは残ったら小分けして、冷凍できます

調理時間 15min

作り方　●1単位分 158kcal
1 ひじきはたっぷりの水に10分ほどつけ、もどします。水気をきります。おからは皿に広げてラップをかけ、電子レンジで約2分加熱します。枝豆は熱湯でゆでて、さやから出します。
2 フライパンにオリーブ油を温め、たまねぎ、ひじきを入れて中火で1〜2分いためます。Aで調味し、おから、枝豆を加えて軽く混ぜて火を止めます。さめたらBを加えて混ぜます。

小さいおかず

切り干しナポリタン

切り干しだいこんなのに、味わいはまるでナポリタン。子どもにも食べやすい

1か月 冷凍保存 / 冷凍で持参可 / 子ども

材料（4単位分）
- 切り干しだいこん ― 20g
- ベーコン ― 1枚
- エリンギ ― 小1本（20g）
- ピーマン ― 1/2個（20g）
- にんにく（みじん切り） ― 1/2片（5g）
- A ┃ トマトケチャップ ― 大さじ1 1/2
- 　 ┃ 塩 ― 小さじ1/6
- 　 ┃ こしょう ― 少々
- オリーブ油 ― 小さじ1

調理時間 15min

作り方 ●1単位分 56kcal

1 切り干しだいこんは2cm長さに切り、水カップ1/2（材料外）に約10分つけてもどします。水気を軽くしぼり、もどし汁はとりおきます。

2 ベーコンは1cm幅に切り、エリンギは長さを半分にして、細切りにします。ピーマンは細切りにします。

3 フライパンにオリーブ油、にんにく、ベーコンを入れ、弱火で1〜2分いためます。切り干しだいこん、ピーマンとエリンギを加えていためます。Aと1のもどし汁を加えて、汁気がほとんどなくなるまでいため煮にします。

しいたけとつくだ煮こんぶの煮もの

市販のつくだ煮こんぶを使って、こってりとした味わいにします

1か月 冷凍保存 / 冷凍で持参可 / 子ども

材料（4単位分）
- しいたけ ― 3〜4個（60g）
- こんぶのつくだ煮（細切り、市販） ― 50g
- 水 ― 大さじ2

作り方 ●1単位分 12kcal

1 しいたけは石づきをとり、軸をつけたまま4つに切ります。

2 鍋に材料全部を入れ、弱火でしいたけがやわらかくなるまで1〜2分いため煮にします。

調理時間 5min

ししとうとじゃこのぽん酢いため

味つけはぽん酢しょうゆだけ。
ちりめんじゃこがたっぷり入っておいしい

1か月 冷凍保存 / 冷凍で持参可

調理時間 10min

材料（3単位分）
ししとうがらし — 1/2パック（70g）
ちりめんじゃこ — 20g
ごま油 — 大さじ1/2
ぽん酢しょうゆ — 大さじ1/2

作り方　●1単位分 48kcal

1 ししとうがらしは軸を切り、竹串で穴をあけます。
2 フライパンにごま油とちりめんじゃこを入れ、中火でカリッとなるまで約2分いためます。ししとうがらしを加えて約1分いため、火を止めてぽん酢しょうゆを加えて混ぜます。

竹串を使えば、裏も同時に穴があけられます

高野どうふの含め煮

地味な印象の高野どうふは抜き型で
花の形に抜き、かわいらしく

1か月 冷凍保存 / 冷凍で持参可 / 子ども

調理時間 15min

材料（2単位分）
高野どうふ — 1個
にんじん（太いところ）— 100g
A［
　だし — カップ1
　みりん — 大さじ1
　しょうゆ — 小さじ1/2
　塩 — 小さじ1/6
］

作り方　●1単位分 62kcal

1 高野どうふは表示どおりにもどします。手ではさんで水気をしぼります。にんじんは皮をむき、7〜8mm厚さの輪切りにします。両方を型で抜きます。抜いた残りは、あらみじんに切ります。
2 鍋にAを煮立てて1を入れ、落としぶたと鍋のふたをして、弱めの中火で煮ます。約8分煮たら、型抜きしたものをとり出し、残りはふたをとって加熱して汁気をとばします。

抜いた残りも一緒に煮れば、混ぜごはんに使えます。冷凍可

小さいおかず

かぼちゃとトマトのレンジ煮

ラタトゥイユ風の煮ものが、電子レンジでかんたんに作れます

材料（4単位分）
- トマト — 1個（200g）
- かぼちゃ — 100g
- たまねぎ — 1/2個（100g）
- にんにく — 1片（10g）
- A
  - 白ワイン — 大さじ1
  - オリーブ油 — 大さじ1/2
  - 塩 — 小さじ1/6
  - こしょう — 少々

調理時間 10min

作り方 ●1単位分 57kcal

1 トマトはへたをとり、8つに切ります。かぼちゃは2～3cm角に切ります。たまねぎはくし形に切ります。にんにくは薄切りにします。
2 耐熱ボールに1を入れ、Aを加えて混ぜます。ラップをかけて電子レンジで約3分加熱します。とり出して混ぜ、さらに約3分加熱します。

※汁気があるので、カップに入れて冷凍します

冷凍保存 1か月／子ども

さつまいものりんごジュース煮

甘く煮たさつまいもは冷凍向き。冷凍で持参してもほっくりおいしい

材料（4単位分）
- さつまいも — 200g
- りんごジュース — 200ml
- レモン（輪切り）— 3切れ
- 砂糖 — 大さじ3

調理時間 20min

作り方 ●1単位分 107kcal

1 さつまいもは皮つきのまま1cm厚さの半月切りにします。
2 鍋に材料全部を入れます。中火にかけて沸とうしたら弱火で12～15分、煮汁が大さじ3程度になるまで煮ます。

※汁気があるので、カップに入れて冷凍します

冷凍保存 1か月／冷凍で持参可／子ども

きのこのきんぴら

きんぴらも、しめじなら切る手間なし。手早く作れます

1か月 冷凍保存 / 冷凍で持参可 / 子ども

材料（3単位分）
しめじ — 1パック（100g）
赤とうがらし（小口切り）— 1/4本
ごま油 — 小さじ1
A [砂糖・酒・しょうゆ — 各大さじ1/2
みりん — 小さじ1]

作り方 ●1単位分 29kcal
1 しめじは根元を落とし、小房に分けます。
2 鍋にごま油を温め、赤とうがらしとしめじを加えて、中火でいためます。Aを加え、汁気がなくなるまでいためます。

10min 調理時間

れんこんのきんぴら

だしを使わず、けずりかつおでうま味を出します

1か月 冷凍保存 / 冷凍で持参可 / 子ども

材料（3単位分）
れんこん — 200g
ごま油 — 大さじ1/2
A [砂糖 — 大さじ1/2
しょうゆ・酒・水 — 各大さじ1]
けずりかつお — 1/2パック

10min 調理時間

作り方 ●1単位分 66kcal
1 れんこんは2mm厚さの輪切りか半月切りにします。Aは合わせます。
2 フライパンにごま油とれんこんを入れて、弱めの中火で1〜2分いためます。れんこんがすき通ってきたらAを加え、中火でいため煮にします。汁気がほとんどなくなったら、けずりかつおをふり入れ、火を止めます。

ごはんもの・おやつ

炊きこみごはんやピラフは、冷凍することを考えて多めに炊きます。ただし、暑いときはいたみやすいので避けます。また、ごはんは、自然解凍だとボソボソするので、電子レンジで加熱してさまして詰めます　（梅田教室　高井志磨子）

炊飯器チャーハン

パラッとしたチャーハン風ごはんが炊飯器で作れます。卵の加熱も炊飯器の中で

冷凍保存 1か月　子ども

材料（2単位分）
米 ─ 米用カップ1（180ml・150g）
水 ─ 180ml
焼き豚 ─ 80g
ねぎ（緑の部分も）─ 1/3本
にんじん ─ 30g
中華スープの素 ─ 小さじ1
サラダ油 ─ 大さじ1
A ［卵 ─ 1個
　　塩・こしょう ─ 各少々］

調理時間 45min（米の浸水時間は除く）

作り方 ●1単位分 447kcal

1 米はとぎ、水気をきります。分量の水に約30分つけます。
2 焼き豚は1cm角、ねぎ、にんじんは7〜8mm角に切ります。
3 1に2を加え、スープの素、サラダ油を加えて混ぜます。ふつうに炊きます。
4 Aは混ぜ、3が炊きあがったら、表面に流し入れます。再びふたをして約10分むらします。全体を混ぜます。

卵がかたまったら混ぜます

ツナピラフ

いためずに、炊飯器ひとつで作れます。カレー味で、子どもにも人気です

冷凍保存 1か月　子ども

材料（2単位分）
米 ─ 米用カップ1（180ml・150g）
水 ─ 180ml
ツナ缶 ─ 1缶（100g）
たまねぎ ─ 1/4個（50g）
パプリカ（赤）─ 1/4個（40g）
ホワイトぶなしめじ ─ 1/2パック（50g）
固形スープの素 ─ 1個
カレー粉 ─ 小さじ1・1/2

調理時間 45min（米の浸水時間は除く）

作り方 ●1単位分 439kcal

1 米はとぎ、水気をきります。炊飯器に入れ、分量の水に30分ほどつけます。
2 たまねぎはみじん切り、パプリカは1cm角、しめじは小房に分けます。
3 1にスープの素をきざんで入れ、カレー粉を加えて混ぜます。2とツナ缶の汁気をきってのせ、ふつうに炊きます。

とりごぼうの混ぜおこわ

もち米を混ぜると、さめてももっちり。
具は別に煮て、炊きあがったら合わせます

1か月 冷凍保存 　子ども

作り方 ●1単位分 358kcal

1 米は合わせてとぎ、たっぷりの水に30分以上つけます。水気をきり、Aと合わせて炊飯器で炊きます。
2 とり肉は1cm角に切ります。ごぼうは斜め薄切りにし、水にさらして水気をきります。しめじは小房に分けます。
3 鍋にBと**2**を入れて強火にかけ、沸とうしたらアクをとります。中火にして混ぜながら煮汁が大さじ1くらいになるまで煮ます。
4 ごはんが炊きあがったら、**3**を混ぜます。

45min 調理時間（米の浸水時間は除く）

材料（4単位分）
米 ― 米用カップ1½（270ml・225g）
もち米 ― 米用カップ½（90ml・75g）
A［水 ― 280ml
　　塩 ― 小さじ¼
　　酒 ― 大さじ1］
とりもも肉 ― 100g
ごぼう ― ½本（100g）
しめじ ― ½パック（50g）
B［しょうが（せん切り） ― 1かけ（10g）
　　水 ― カップ½
　　みりん ― 大さじ2
　　しょうゆ ― 大さじ1
　　酒 ― 大さじ½
　　塩 ― 小さじ¼］

材料（4個分）
温かいごはん ― 200g
しょうゆ ― 小さじ2
サラダ油 ― 少々

焼きおにぎり

小さめのかわいらしい焼きおにぎり。
こげないように、じっくり焼きましょう

1か月 冷凍保存 　子ども

作り方 ●1個分 90kcal

1 ごはんにしょうゆを混ぜて4等分し、三角ににぎります。
2 フライパンにサラダ油を温め、中火で全面を焼きます。薄い焼き色がついたら、しょうゆ小さじ½（材料外）を塗ります。

15min 調理時間

ごはんもの・おやつ

焼き豚サンド

きゅうりは塩をふってしんなりさせておくと、冷凍してもおいしく食べられます

2週間 冷凍保存　冷凍で持参可　子ども

材料（1単位分）
食パン（8枚切り） — 2枚
［ バター* — 10g
　練りがらし — 小さじ¼ ］
焼き豚（薄切り） — 2〜3枚
きゅうり — ½本
　塩 — 少々
甘酢しょうが — 適量
*マーガリンでも

作り方 ●1単位分 397kcal

1 きゅうりは斜め薄切りにして塩をふります。しんなりしたらペーパータオルで水気をとります。しょうがは汁気をとります。

2 バターは室温にもどして練りがらしを混ぜます。食パンの片面にそれぞれ塗ります。

3 パンに焼き豚、きゅうり、しょうがをはさみます。半分に切ります。

※解凍後、トーストするとよりおいしく食べられます

調理時間 10min

クリームチーズサンド

いつものサンドイッチにプラスして、甘めのサンドも用意しておくと役立ちます

2週間 冷凍保存　冷凍で持参可　子ども

調理時間 15min

作り方 ●1単位分 448kcal

1 クリームチーズは室温にもどします（電子レンジで約20秒加熱しても）。ドライフルーツはBを加えてラップをかけ、電子レンジで約20秒加熱します。

2 クリームチーズをやわらかく練り、ドライフルーツを加えて混ぜます。パンに塗ってはさみ、半分に切ります。

材料（1単位分）
食パン（8枚切り） — 2枚
クリームチーズ — 40g
ドライフルーツミックス
　（カット） — 20g
B［ 白ワイン* — 小さじ1
　　砂糖 — 小さじ1 ］
*子ども向けなら牛乳でも

先生のかんたんrecipe

食パンでカレーパン

ドライカレーを作ったら、耳をとった**食パン**にはさんでフォークでまわりを押さえて冷凍しておきます。凍ったまま揚げるとカレーパン、オーブントースターで焼くと、焼きカレーパンになります（名古屋教室　阿知和由美子）

シンプルチーズケーキ

お弁当にはちょっとしたデザートがあるとうれしい。生クリームを使わずに作れます

1か月 冷凍保存 / 冷凍で持参可 / 子ども

材料（直径5cmの型4個分）
クリームチーズ — 100g
砂糖 — 大さじ3
卵 — 1/2個
牛乳 — 大さじ1
直径5cmのアルミケース（厚手のもの） — 4個

作り方　●1個分 122kcal

1 クリームチーズは電子レンジで約30秒加熱してやわらかくします。

2 ボールに**1**を入れ、なめらかになるまで混ぜます。砂糖、卵、牛乳を加えてよく混ぜます。ケースに流し入れます。

3 オーブントースターは予熱し、焼き色がつくまで15〜20分焼きます。こげそうなら、途中でアルミホイルをかぶせます。

調理時間 30min

チョコ蒸しパン

ホットケーキミックスを使った小さいおやつ。レンジであっという間にできます

1か月 冷凍保存 / 冷凍で持参可 / 子ども

材料（直径4cmの型6個分）
ホットケーキミックス — 100g
牛乳 — 90ml
サラダ油 — 大さじ1
板チョコレート — 1/4枚（15g）

作り方　●1個分 103kcal

1 チョコレートは手で小さく割ります。

2 ボールにホットケーキミックス、牛乳、サラダ油を入れてよく混ぜます。チョコレートを加えて混ぜます。

3 型の八分めくらいまで**2**を入れて、ラップをふんわりかけます。電子レンジで約1分加熱します。

※直径6cmのマフィン型なら3個作れ、加熱時間はようすを見てのばします。電子レンジを使うので、アルミのケースは使えません

調理時間 5min

作って冷凍！
20分おかず

ふだん作っているおかずの中には、
そのまま冷凍できるものもあります。
次に食べる分も見越して、
おかずは多めに作っておけばとってもらく。
20分で作れて、1度作れば2度おいしい
レシピをご紹介します。

ごはんが残ってしまったとき

材料が余りそうだから、
多めに作ろう

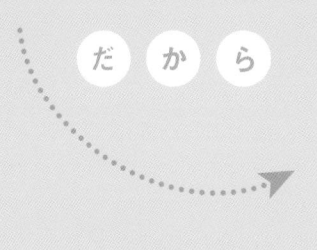

今週は時間があるから、
来週の分を作っておこう

だから

冷凍しておける料理なら、
電子レンジで温めるだけ

冷凍してあるとうれしい 今晩のおかず　ベスト3

1. レンジ煮豚
　サラダやめん、いためものなど、肉をちょっと
　プラスしたいときにもパッと使えます

2. さばのみそ煮
　煮魚も冷凍できます。
　今日は和食が食べたいというときに便利

3. とりひき肉ともちの巾着煮
　そのまま食べても、おでんや煮ものに入れても、
　おいしくってうま味たっぷり

とり手羽元の梅酒煮

1か月冷凍保存 / 子ども

ひと鍋で煮るだけで完成。梅酒をたっぷり使うことで、くさみがなくまろやかに仕上がります。ちょっと甘めにするのがおいしさの秘けつ（山上）

冷凍庫へGo!

材料（4人分）
- とり手羽元 — 8本（280g）
- サラダ油 — 大さじ1
- A
  - 梅酒 — 150ml
  - 砂糖 — 大さじ1
  - しょうゆ — 大さじ1½
- さつまいも — 1本（200g）

調理時間 20min

作り方　●1人分 209kcal

1. さつまいもは2cm厚さの輪切りか半月切りにし、水にさらしてアクを抜きます。水気をきります。
2. 深めのフライパンに油を温め、肉の両面を焼き色がつくまで焼きます。フライパンの脂をペーパータオルでふきます。
3. さつまいもとAを加えて、沸とうしたらアクをとります。ふたをして中火で約5分煮ます。
4. 肉の上下を返して、さらに約5分、煮汁が少なくなり、つやが出てくるまで煮ます。

とり肉とさといものごま煮

1か月冷凍保存 / お弁当 / 子ども

練りごまを入れた煮ものは、こっくりとした味わい。さといもは皮むきがめんどうですが、電子レンジで加熱してからむく方法で手間なしです（浜村）

冷凍庫へGo!

材料（4人分）
- とりもも肉 — 200g
- さといも — 3〜4個（250g）
  - 塩 — 少々
- しめじ — 1/2パック（50g）
- A
  - 水 — カップ 3/4
  - 砂糖 — 大さじ1/2
  - みりん・しょうゆ — 各大さじ1
- 練りごま — 大さじ1
- サラダ油 — 大さじ1/2

〔食べるとき〕
- 万能ねぎ — 2本

調理時間 20min

作り方 ●1人分 169kcal

1 さといもは皮つきのまま大きければ半分に切り、1cm厚さに切ります。耐熱容器に入れて塩でもみ、水をひたひたに入れます。ラップをして電子レンジで約3分加熱します。とり出して混ぜて、さらに約3分加熱します。水にとって皮をむきます。

2 しめじは根元を落とし、小房に分けます。とり肉はひと口大のそぎ切りにします。

3 深めのフライパンにサラダ油を温め、肉を中火で両面軽く焼きます。さといもとしめじを加えていため、Aを加えます。沸とうしたらアクをとって弱めの中火にしてふたをし、時々混ぜて約5分煮ます。煮汁が少なくなったら、練りごまを煮汁に加えてのばし、混ぜます。

4 〔食べるとき〕万能ねぎを3〜4cm長さに切って散らします。

レンジ煮豚

1か月冷凍保存 お弁当 子ども

下味をつけたら、あとは電子レンジにかけるだけ。本当にかんたんで、味は鍋で作ったものとかわりません。常備しておくと、チャーハンやラーメンにいつでも使えます（福岡教室　海江田都志子）

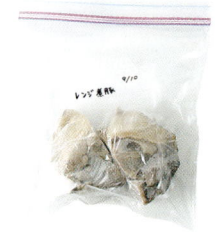

冷凍庫へGo!

材料（4人分）
- 豚肩ロース肉（かたまり） — 400g
- ねぎ（緑の部分） — 1本分
- しょうが — 1かけ（10g）
- A
  - しょうゆ — 大さじ1
  - みりん — 大さじ1
  - 酒 — 大さじ1
  - 酢 — 大さじ1
- 〔食べるとき〕
- ねぎ（白い部分） — 1本
- きゅうり — 1本
- かいわれだいこん — 1パック
- レタス — 2〜3枚

調理時間 20min（漬ける時間は除く）

作り方　●1人分 284kcal

1 肉はフォークでつつきます。

2 ねぎの緑の部分はぶつ切りにします。しょうがは皮つきのまま薄切りにします。

3 耐熱容器に肉、A、2を入れ、よくもみこみます。30分以上おき、途中返します。

4 3をラップをせずに、電子レンジで15〜18分加熱します。途中2回ほど上下を返します。そのままさまします。

※冷凍するときは、小分けします

5 〔食べるとき〕肉を3〜4mm厚さに切ります。かいわれだいこんは、根元を切り落とします。レタス、きゅうりは5cm長さの細切りにします。ねぎの白い部分は、芯を除いてせん切りにし、水にさらして水気をきります。

6 野菜と肉を器に盛り、からし酢じょうゆ（材料外）を添えます。

加熱する前に調味液にしっかり漬けておきます

さめるまで汁に漬けることでしっとりとします

さばのみそ煮

1か月冷凍保存 / お弁当 / 子ども

身はちょっとしまりますが、煮魚も冷凍可能。外食が続いていて和食が食べたいというときにも、冷凍しておけばさっと食べられます（福岡教室　田上千恵）

調理時間 20min（おく時間は除く）

材料（2人分）
さば ― 2切れ（200g）
A[砂糖・みりん ― 各大さじ1
　 酒 ― 大さじ3
　 しょうゆ ― 大さじ1/2
　 水 ― カップ3/4]
みそ ― 20g
ねぎ ― 1/2本
しょうが汁 ― 小さじ1/2

作り方　●1人分 185kcal

1 さばは皮に切り目を入れます。ねぎは3～4cm長さに切ります。

2 深めのフライパンにAを煮立て、さばの皮を上にして並べ入れます。沸とうしたら、アクをとって中火で約2分煮ます。

3 みそを煮汁でとき、2に入れます。さばに煮汁をスプーンでかけ、落としぶたをして中火で約10分煮ます。途中煮汁を2～3回かけます。

4 ねぎを加えて4～5分、やわらかくなるまで煮ます。しょうが汁を入れて、火を止めます。

冷凍庫へGo!

先生の冷凍テク　Technique of freezing

冷凍できないと思われている食材も、おいしく変身します

その2　とうふ

とうふは1.5cm角に切り、トレーに広げてラップをかけ、冷凍します。凍ったら、保存袋に移します（約2週間）。

先生のかんたんrecipe

凍りどうふの卵とじ

まるで高野どうふのような食感です。だしをたっぷり吸っておいしい
（京都教室　遠藤摩耶）

材料（2人分）
冷凍したもめんどうふ ― 1/2丁
グリーンアスパラガス ― 2本
卵 ― 1個
A[だし ― カップ1
　 みりん ― 大さじ1
　 しょうゆ ― 大さじ1/2
　 塩 ― 小さじ1/8]

作り方　●1単位分 118kcal

1 鍋にAを煮立てます。とうふと切ったアスパラを入れ、中火で5～6分、とうふに味がしみこむまで煮ます。

2 卵をとき、全体に回し入れます。半熟になったら火を止め、約1分むらします。

いかバーグ

1か月冷凍保存 / お弁当 / 子ども

肉のハンバーグにも負けないおいしさで、しかもヘルシー。クッキングカッターで細かくするだけで作れます。食べるときにだいこんおろしを合わせても（山上）

冷凍庫へGo!

調理時間 15min

材料（2人分）
- するめいか — 1ぱい（300g）
- ねぎ — 5cm
- しょうが — 小1かけ（5g）
- A
  - 塩 — 小さじ1/6
  - 酒 — 小さじ1
  - しょうゆ — 小さじ1
  - かたくり粉 — 大さじ1
- サラダ油 — 大さじ1
- 〔食べるとき〕
- しその葉 — 5枚
- みょうが — 2個

作り方　●1人分 184kcal

1. いかは足を引き抜き、内臓と足を切り離します。胴、足とも3〜4cm長さにざく切りにします。
2. クッキングカッターにねぎ、しょうがを入れてあらみじんにします。いかとAを加えて、さらにかけます。細かくなり、ねばりが出たら、手に水をつけて、4個に丸めます。
3. フライパンに油を温め、2を両面色づくまで焼きます。
4. 〔食べるとき〕しその葉、みょうがのせん切りをのせ、好みでしょうゆや、ぽん酢しょうゆをかけます。

手に水をつけると、くっつかずに丸められます

先生のかんたんrecipe

たまねぎの酢のもの

添えの野菜がないときにあると役立ちます。自然解凍で食べられます
（札幌教室　倉田薫）

たまねぎ（薄切り）1個を、さっとゆでて水気をしぼります。ポリ袋に**砂糖大さじ1/2、しょうゆ・酢各大さじ2、きざみこんぶひとつまみ、赤とうがらし1/2本**を入れて、たまねぎを入れます。1時間ほどおき、味がなじんだら、小分けして冷凍します。

とりひき肉ともちの巾着煮

1か月 冷凍保存 / 子ども

派手さはないけれど、しみじみおいしい家庭の味。ひき肉と野菜が入っているので、うま味たっぷり。温めて食べると、もちがとろっとします（浜村）

冷凍庫へGo!

調理時間 15min

材料（4個分）
- 油揚げ — 2枚（50g）
- とりひき肉 — 40g
- A［酒 — 小さじ1 / しょうゆ — 小さじ½ / 塩 — 少々］
- キャベツ — 50g
- にんじん — 30g
- 切りもち — 2個
- めんつゆ（かけつゆ程度）* — カップ1
- つまようじ — 4本

*めんつゆを使わないなら
［だし — カップ1　しょうゆ — 大さじ1
みりん — 大さじ½　砂糖 — 小さじ½］

作り方
●1個分 134kcal

1. 油揚げは半分に切り、袋状にします。キャベツはあらみじんに、にんじんは薄いいちょう切りにします。もちは半分に切ります。
2. とりひき肉にAを混ぜ、野菜を加えて4等分します。油揚げにもちとともに詰め、口をようじでとめます。
3. 小鍋に並べ入れ、めんつゆを油揚げの高さの六分めくらいまで入れます。落としぶたと鍋のふたをして8分ほど、途中で裏返して煮ます。

つまようじのとがった先は切って煮ます

卵を入れても
袋状にした油揚げ2つを小鉢に入れて広げ、卵を1個ずつ入れます。ようじで口をとめます。小鍋にめんつゆ（かけつゆ程度）を入れて煮立て、油揚げをそっと入れます（めんつゆの量は油揚げの八分めくらいまで）。約10分煮ます。

※電子レンジで解凍すると、卵が破裂するので、必ず自然解凍します

先生のイチ押し！

冷凍しておくと安心、使える
Useful frozen food ranking
冷凍便利ランキング

肉

冷凍ポイント
買ってきたパックのまま冷凍するのではなく、1回分ずつ小分けにしたり、調理してから冷凍すると、解凍後にぐんと使いやすくなります。

1位 ひき肉のおかず
ミートソース、ハンバーグ、つくね、いためて

○冷凍したハンバーグ（→p.72）はチーズをのせて電子レンジにかけると、解凍後のパサつきがなくなります（神戸教室　木村ヒトミ）
○つくねはまとめ作りして冷凍保存。炊き合わせに加えたり、鍋料理やめん料理に入れたりすると、料理がおいしくなります（柏教室　松永千代子）
○ひき肉はたまねぎといためて、パリッと割って使えるように薄くのばして筋目を入れて冷凍します（京都教室　遠藤摩耶）

3位 とり肉
下味をつけて、切って、蒸して

○何を作るか決めていないときは、どんな料理にも変化できるようにひと口大に切って、塩、酒、しょうが汁につけて冷凍します（池袋教室　高橋貴子）
○とり肉をひと口大に切り、甘辛く煮て小分けで冷凍。親子丼、うどんの具にすぐ使えます（藤沢教室　永田佐代子）
○多めに買ったとり肉は、親子丼や雑煮用にと用途に合わせ、1枚で、半分に切って、から揚げ用サイズ、そぎ切りにと、サイズを分けて冷凍します（藤沢教室　松尾弓子）
○とりささみは5〜6本まとめて電子レンジで酒蒸しし、ほぐして冷凍します。サラダ、あえものに便利（横浜教室　中村玲子）

Useful frozen food ranking
冷凍便利ランキング

2位 薄切り肉、ベーコン
生を小分けで

○ラップに肉やベーコンを間隔をあけて並べ、くるくる巻いてからまとめて保存袋へ。ラップをむだに使わずにすみます（柏教室　橋本知子）

○ベーコンは2枚ずつに小分けするのが、いちばん使いやすい（神戸教室　吉元圭子）

○薄切り肉が少量残ったときは、使わなくなった製氷皿にくるくると巻いて冷凍、凍ったら保存袋に移して、凍ったまま煮ものなどに使えます（町田教室　小松三千穂）

4位 豚肉、とり肉などのみそ漬け
とんカツ用の豚肉、とりもも肉をみそ漬けにする

○ポリ袋の中でみそ床の材料と合わせて、そのまま保存袋に入れて冷凍しています。保存袋が汚れずにすみます（町田教室　厚木洋子）

5位 揚げもの〔から揚げ、とんカツ〕
衣をつけて、揚げて

○お弁当用にまとめて1kg分のから揚げ（→P.70）を作って冷凍します。詰めるときは2〜3個ずつ電子レンジで加熱します（札幌教室　清水よふ子）

○うす味のから揚げを作って冷凍します。食べるときはオーブントースターで温めて、だいこんおろし、しそ、青ねぎをのせ、ぽん酢をかけて食べます（梅田教室　菊元明美）

○とんカツはパン粉を多めにつけて冷凍します。揚げるときにもう一度パン粉をつけ直して揚げます（渋谷教室　加藤美子）

○とんカツは多めに作って冷凍します。カツ丼にするとおいしい（名古屋教室　吉川澄子）

Useful frozen food ranking
冷凍便利ランキング

魚

冷凍ポイント
切り身の魚をそのまま冷凍すると、味が落ちやすいので、下味をつけたり、加熱したりして冷凍するのがおすすめ。

1位 魚のみそ漬け
切り身魚

○ぎんだらやさけなど、みそ床に漬けて冷凍します。みそ床は少なめで充分です（銀座教室　藤本よし子）

○みそ床に30分ほど魚を漬けて、冷凍する前にはみそ床をとり除いて冷凍。半解凍してすぐ焼けます（名古屋教室　藤田眞澄美）

○さわらやさけは、軽く塩をふったあと、みそ、酒、みりん、しょうゆに漬けこんで、焼いてから冷凍します（梅田教室　岡田万里）

3位 いか
内臓をとって、切り分けて

○ほかの魚と比べて脂肪が少ないため、冷凍後も味の変化は少なく、おいしく食べられます（渋谷教室　有本真弓）

○いためもの用に食べやすく切って切りこみを入れたもの、輪切りにしてカレー用、小さく切ってお好み焼き用にしておきます（京都教室　三滝隆香）

○身は半解凍で切ると、完全にとけてから切るよりぬるぬるせず扱いやすいです（札幌教室　側瀬智美）

Useful frozen food ranking
冷凍便利ランキング

2位
さけ、切り身魚
焼いて

○塩さけは多めに買い、夕食作りのついでにまとめて焼きます。ほぐして冷凍し、自然解凍でふりかけ、チャーハン、すしなどに使います（吉祥寺教室　大須賀眞由美）

○生さけはうすめの塩味をつけて、焼いてから冷凍します。使うときに、料理によって味つけをアレンジしやすくなります（神戸教室　八島恭子）

○焼き魚のときは、まとめて七〜八分焼いて冷凍します。食べるときは解凍せず、グリルで再度焼きます（渋谷教室　植田治美）

これも冷凍できます

かに
○おもてなしに使ったかにの身が残ったら、いためて冷凍。かに、しいたけ、たけのこで天津飯にしたり、かにクリームコロッケにします（名古屋教室　伊藤美紀代）

4位
たらこ、めんたいこ
生で、焼いて

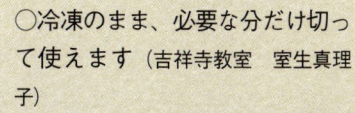

○冷凍のまま、必要な分だけ切って使えます（吉祥寺教室　室生真理子）

○焼きたらこにしておき、おにぎりの具にしたり、青味と一緒にごはんに混ぜたりします（札幌教室　山内かつみ）

○1本ずつ冷凍します。凍った状態だと皮がペリッとはがれるので、パスタにするときに便利です（名古屋教室　長野奈穂子）

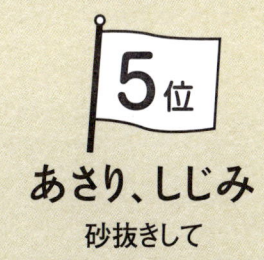

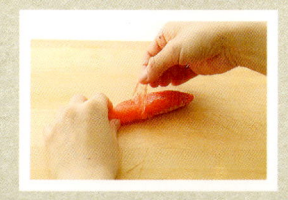

5位
あさり、しじみ
砂抜きして

○あさりはよく洗って冷凍。凍ったままみそ汁や酒蒸しにして使います（札幌教室　江向敦子）

○しじみはゆでて、紹興酒につけて冷凍します。解凍して酒の肴にします（渋谷教室　堀江雅子）

Useful frozen food ranking
冷凍便利ランキング

野菜・くだもの

冷凍ポイント
野菜はゆでてから冷凍するものと、生のまま冷凍できるものがあります。よく使う野菜のほか、旬でしか味わえない野菜を冷凍しても。

1位　彩りになる野菜
[ほうれんそう、いんげん、とうもろこし、ブロッコリー、だいこん・かぶの葉、黄菊など]
ゆでて、生で

○冷凍しておいて重宝するのは、やっぱり彩りになる野菜です。汁ものにも便利です（千葉教室　長久保涼子）
○夏のおいしい時期のとうもろこしをゆでて、実をバラバラにして冷凍しておきます（札幌教室　中島尊子）
○単身赴任の夫に渡すためにブロッコリー、青菜をゆでて冷凍します（神戸教室　新村葉子）
○黄菊は花びらをとり、生のまま冷凍。凍ったままゆで、おひたしに使います（吉祥寺教室　関村敦子）

3位　万能ねぎ
小口切りで

○切っておくと、みそ汁や納豆など、使いたいときに便利です（千葉教室　中川実紀）
○ひと束買っても使いきれないので、切って保存容器に入れて冷凍します（千葉教室　中西縫子）

4位　たまねぎ
いためて

○にんにく入り、なしで分けていため、さらに茶色になるまでいためたもの、しんなりするまでいためたものに分けます（福岡教室　松尾公榮）

5位　トマト
生で

○熟しすぎたトマトはへたをとり、ラップで包んで冷凍。とり肉の煮こみ料理にそのまま入れ、やわらかくなったら木べらでつぶします（銀座教室　前川圭子）

Useful frozen food ranking
冷凍便利ランキング

2位 香味野菜
すりおろす、みじん切りで

しょうが
○しょうがは、すりおろし、せん切り、丸ごとと3つに分けて冷凍しています（吉祥寺教室　今井みどり）
○すりおろしたしょうがは、1回分ずつピラミッド状に形作ってトレーで冷凍。凍ったら保存袋に移します。しょうが紅茶に便利です（名古屋教室　江利川恵美）

にんにく
○みじん切りにしたり、1片ずつ皮をむいたりして冷凍できます。凍ったまま使います（渋谷教室　浜村ゆみ子）
○1片ずつすりおろし、間隔をあけておいてラップではさんで冷凍します。凍ったらとり出して、はさみで切り分けて保存袋に入れます（仙台教室　森田陽子）

ねぎ&しょうが&にんにく
○中華料理用にねぎ、しょうが、にんにくのみじん切りを合わせたものを作って冷凍しておくと、重宝します（渋谷教室　三笠かく子）

6位 きのこ
生で

○残ったものはすぐ冷凍。解凍せず料理に使えます（銀座教室　和田篤子）
○酒、しょうゆをかけて冷凍します。米にのせてごはんを炊くと、きのこの炊きこみごはんができます（池袋教室　近藤優子）

7位 パセリの葉
生で

○そのまま冷凍し、凍ったら袋の上からもむと、パセリのみじん切りができます（吉祥寺教室　神原晶子）

Useful frozen food ranking
冷凍便利ランキング

8位 レモン、ゆず
汁をしぼって、丸ごと

○レモン汁は平らな容器にラップを敷き、汁をはさむようにして冷凍します。シート状になるので、必要な分だけ解凍できます（仙台教室　吉川久美子）

○ゆずは丸のまま冷凍します。皮を使ったら、すぐ冷凍庫に戻せば、また使えます（名古屋教室　鈴木京子）

9位 かぼちゃ、じゃがいも、さつまいも
ゆでて

○かぼちゃはゆでてつぶして冷凍します。解凍して牛乳を加えるだけでスープになって便利（柏教室　小更淳子）

○さつまいもでスイートポテトを作って、アルミケースにしぼります。焼いてから冷凍し、凍ったままお弁当に入れます（町田教室　小林かおる）

○じゃがいもは半月切りや小さめのひと口大に切り、スープの素を加えてゆでて冷凍します。グラタンやポテトサラダ、いためものにとても便利（藤沢教室　鶴巻裕子）

おかず、ごはんものなど

冷凍ポイント
毎日の食卓に欠かせないごはん、一度の手間でたくさん作れる煮ものが人気。

1位 ひじきの煮もの、切り干しだいこん、煮豆
作って

○大豆の甘辛煮、きんとき豆の甘煮は1回分ずつラップに包んで、おかず専用容器に入れて冷凍しています。冷凍食品のように大活躍です（梅田教室　菊元明美）

○かわいいカップにひじきの五目煮や、きんぴら、こまつ菜と油揚げのいためものを凍ったまま入れて、お弁当に詰めます。朝はごはんを炊き、あと1品作るくらいですみます（梅田教室　池端聡子）

○ひじきは使いかけを残していると、いつのまにか古くなってしまうので、1袋全部作って冷凍します（梅田教室　瀬波恵子）

Useful frozen food ranking
冷凍便利ランキング

10位 くだもの
生で

○フルーツは切って（さくらんぼや巨峰は丸ごと）砂糖をまぶして冷凍し、そのまま食べます。いちご、バナナは半解凍で生クリームやヨーグルトと一緒にクッキングカッターにかけるとフルーツアイスになります（仙台教室　鎌倉和子）

○バナナは黒い斑点が出たら、皮をむいて丸ごと冷凍。凍っていても包丁がすっと入ります。アイスクリーム代わりにどうぞ（池袋教室　奥野美紀子）

これも冷凍できます

きゅうり
○きゅうりを小口切りにして塩もみし、甘酢につけて冷凍。自然解凍でサラダや酢のもの、そうめんの具に使います（池袋教室　横山ひとみ）

野菜の切れ端
（にんじん、たまねぎ、パセリの軸など）
○野菜の切れ端をためて、凍ったまま鍋に入れてスープストックにします。カレーや煮こみ料理に（柏教室　松永千代子）
○セロリの細い茎とパセリの茎を冷凍。ローリエとともにお茶用パックに入れてシチューの香りづけに使います（吉祥寺教室　桜井弥生）

2位 油揚げ
切って、煮て

○5mm幅に切って冷凍。煮ものやみそ汁にすぐ使えます（渋谷教室　小林美恵子）

○半分に切って袋に開き、甘からく煮ます。お弁当のおかずに困ったら、すしめしを詰めておいなりさんに、ゆでたにんじんや、さやいんげんを巻くと信田巻きになります（町田教室　岡田文恵）

3位 ごはん
そのまま、おにぎりにして

○ごはんは必ずストックしています。一膳分ずつ冷凍できる容器にふんわり入れて、湯気のあるうちにふたをしてさまし、冷凍します（吉祥寺教室　森田三紀）

○ごはんは炊きあがったらすぐラップします。時間がたってからだと、解凍後に味が落ちます（渋谷教室　大塚智子）

○炊いたごはんが余ったら、おにぎり形になっているタッパーに具とごはんをセットして形作り、冷凍します。忙しい日に便利です（千葉教室　香川瑛子）

107

Useful frozen food ranking
冷凍便利ランキング

4位
ホワイトソース、トマトソース、ミートソース
作って

○時間のあるときにホワイトソースを作ります。買物に行けないときや昼食に、ドリアやグラタンにして食べます（梅田教室　北脇律子）

○トマトソースやミートソースは缶詰もありますが、手作りのほうがおいしいので常備しています。ミートソースにアンチョビを加えると、コクが出ます（名古屋教室　林啓子）

5位
薄焼き卵、卵焼き
作って

○薄焼き卵はおすしに使ったり、おにぎりを包んだり、そうめんなどにすぐ使えます（名古屋教室　内山早苗）

○卵焼きはだしを入れると、スカスカになって冷凍がむずかしいので、青のりやねぎなど具の入ったものを3種類くらい作っておきます（札幌教室　藤田和恵）

これも冷凍できます

ケフィア（プレーンヨーグルト）、生クリーム

○製氷皿にフルーツを入れ、ヨーグルトと牛乳、砂糖を混ぜたものを流して凍らせると、おいしいアイスになります（渋谷教室　浜村ゆみ子）

○少し残った生クリームは冷凍して、オムレツ、シチュー、ソース、パン作りに使います。コクがほしいときに便利です（難波教室　若狭信子）

おやつ

○桜もち、ロールケーキ、シュークリーム、チーズケーキなどは1個ずつ冷凍します。冷蔵庫に移して自然解凍で食べます（仙台教室　菊地奈美）

○白玉だんごを多めに作って冷凍します（名古屋教室　小関彰子）

8位
もち
そのままで

○もちは厚みを薄くしてから冷凍します。フライパンにクッキングシートを敷いてもちを並べ、ピザソースを塗って、たまねぎ、ベーコン、チーズをのせてふたをして焼きます。おやつに大人気です（名古屋教室　吉村美津子）

○油揚げにもちを入れ、もち巾着にしてから冷凍します。鍋ものに凍ったまま入れます。焼いて食べたいときは半日くらい前に室温に出し、自然解凍させます（吉祥寺教室　増島仁美）

Useful frozen food ranking
冷凍便利ランキング

6位 ちらしずしの具
〔干ししいたけ、かんぴょう〕煮て

○ちらしずしに使う干ししいたけやかんぴょうは一度にたくさん煮て、使わない分は冷凍します。半解凍して小さく切ると、混ぜごはんの具にもなります。うどんにのせても（千葉教室　星野幸子）

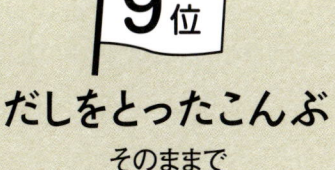

7位 パン、サンドイッチ
そのままで

○ハムとチーズ、ツナと卵などのサンドイッチを作ったら、そのまま冷凍し、凍ったままフライパンかオーブントースターで焼いて食べます（銀座教室　田中和代）

○パンの耳を冷凍しておき、凍ったまますりおろすと、生パン粉として使えます（藤沢教室　松尾弓子）

これも冷凍できます

とうふ、こんにゃく
○冷凍すると、食感がかわりますが、だしでよく煮て卵でとじると汁気をふくんでおいしい一品になります（→p.77、p.97）（福岡教室　古屋敷弘子）

みそ
○たまに使う白みそは、使いきれないうちに味が落ちてしまうので、小分けにして冷凍します（池袋教室　亀田いづみ）

ピザ生地
○こねた生地を丸めたまま冷凍。解凍してから生地をのばして焼きます（藤沢教室　松尾弓子）

9位 だしをとったこんぶ
そのままで

○こんぶは、だしをとるごとにひとつの保存容器にまとめて冷凍しておき、ある程度まとまったらしょうゆ味で煮ます（銀座教室　松永幸枝）

10位 おから
そのままで

○一度で使いきれないので、50gずつに小分けにして冷凍します。煮ものはもちろん、豚肉の角煮の下ゆでにも使えます（千葉教室　大山広子）

さくいん

豚肉

- 14 … 豚肉のしょうが焼き
- 15 … 豚肉と野菜のバーベキュー味
- 49 … 塩豚と夏野菜のソテー
- 49 … 塩豚とだいこんのスープ煮
- 35 … 根菜のカレー(豚ばら肉)
- 81 … ミニお好み焼き(豚ばら肉)
- 74 … 薄切り肉のボリュームカツ(豚もも肉)
- 96 … レンジ煮豚
- 88 … 炊飯器チャーハン(焼き豚)
- 90 … 焼き豚サンド
- 33 … ポトフ(ソーセージ)
- 45 … ふんわりホワイトトースト(ハム)
- 33 … ごろっと野菜のホワイトシチュー(ベーコン)
- 80 … キッシュ風卵焼き(ベーコン)
- 84 … 切り干しナポリタン(ベーコン)

とり肉

- 17 … とり手羽肉の七味じょうゆ焼き
- 18 … とり肉のヨーグルト漬け
- 19 … とりもも肉のみそ漬け
- 20 … とり肉のはちみつレモン焼き
- 41 … とり肉のトマト煮
- 50 … 蒸しどり
- 51 … 蒸しどりのサラダうどん
- 51 … チキン&アボカドのマフィンサンド
- 70 … とりのから揚げ
- 71 … とり肉のチリソース
- 89 … とりごぼうの混ぜおこわ
- 94 … とり手羽元の梅酒煮
- 95 … とり肉とさといものごま煮

牛肉

- 16 … 牛カルビ肉の焼き肉
- 21 … 牛ステーキ肉のワイン漬け
- 73 … 牛肉のみそしぐれ煮

ひき肉

- 37 … 焼きぎょうざ(豚ひき肉)
- 37 … ぎょうざ鍋(豚ひき肉)
- 38 … 麻婆ソース(豚ひき肉)
- 39 … だいこんの麻婆のせ(豚ひき肉)
- 39 … 麻婆豆腐丼(豚ひき肉)
- 72 … ハーブソーセージ(豚ひき肉)
- 71 … とりつくね(とりひき肉)
- 73 … 野菜入りとりそぼろ(とりひき肉)
- 99 … とりひき肉ともちの巾着煮
- 42 … ミートソース(合びき肉)
- 43 … ミートソースのとうふグラタン(合びき肉)
- 43 … ブロッコリーとミートソースのペンネ(合びき肉)
- 72 … 三角ハンバーグ(合びき肉)

魚介類

あ

- 26 … あさりの韓国風スープ

- 24 … あじのイタリアンハーブグリル
- 23 … いかと野菜のしょうゆだれ
- 98 … いかバーグ
- 25 … 魚介のマリネ(えび)
- 29 … えびのバターライス

か

- 75 … かじきのカレーいため
- 75 … かじきのオイスターいため

さ

- 22 … さけのねぎ豆板醤風味
- 76 … さけのマスタード焼き
- 77 … さけの南蛮漬け
- 97 … さばのみそ煮
- 46 … さんまのすり身
- 47 … すり身汁(さんま)
- 47 … すり身の香り焼き(さんま)
- 76 … さんまのかば焼き

た

- 81 … ころころマッシュポテト(たらこ)

は

- 25 … 魚介のマリネ(ほたて)

野菜、くだもの

あ

- 51 … チキン&アボカドのマフィンサンド
- 23 … いかと野菜のしょうゆだれ(いんげん)
- 28 … ミックスベジタブル(いんげん)
- 29 … 卵のスフレ(いんげん)
- 29 … えびのバターライス(いんげん)
- 83 … おからとひじきのごま風味サラダ(枝豆)
- 30 … きのこミックス(えのきだけ)
- 31 … とうふときのこのあんかけ汁(えのきだけ)
- 31 … きのこのペペロンチーノスパゲティ(えのきだけ)
- 24 … あじのイタリアンハーブグリル(エリンギ)
- 41 … 蒸し野菜のトマトソースがけ(エリンギ)
- 45 … グラタン(エリンギ)
- 82 … きのこのイタリアンソテー(エリンギ)
- 84 … 切り干しナポリタン(エリンギ)
- 41 … とり肉のトマト煮(オクラ)

か

- 22 … さけのねぎ豆板醤風味(かいわれだいこん)
- 51 … 蒸しどりのサラダうどん(かいわれだいこん)
- 96 … レンジ煮豚(かいわれだいこん)
- 25 … 魚介のマリネ(かぶ)
- 82 … かぶの甘酢漬け
- 17 … とり手羽肉の七味じょうゆ焼き(かぼちゃ)
- 79 … かぼちゃボール
- 86 … かぼちゃとトマトのレンジ煮
- 22 … さけのねぎ豆板醤風味(キャベツ)
- 26 … あさりの韓国風スープ(キャベツ)
- 33 … ポトフ(キャベツ)
- 37 … 焼きぎょうざ(キャベツ)
- 37 … ぎょうざ鍋(キャベツ)
- 78 … ひと口キャベツ
- 81 … ミニお好み焼き(キャベツ)

- 99 … とりひき肉ともちの巾着煮(キャベツ)
- 96 … レンジ煮豚(きゅうり)
- 45 … グラタン(グリーンアスパラガス)
- 97 … 凍りどうふの卵とじ(グリーンアスパラガス)
- 21 … 牛ステーキ肉のワイン漬け(クレソン)
- 34 … 根菜ミックス(ごぼう)
- 35 … 大豆の五目煮(ごぼう)
- 35 … 根菜のカレー(ごぼう)
- 47 … すり身汁(ごぼう)
- 89 … とりごぼうの混ぜおこわ

さ

- 86 … さつまいものりんごジュース煮
- 94 … とり手羽元の梅酒煮(さつまいも)
- 95 … とり肉とさといものごま煮
- 51 … 蒸しどりのサラダうどん(サラダ菜)
- 30 … きのこミックス(しいたけ)
- 31 … とうふときのこのあんかけ汁(しいたけ)
- 31 … きのこのペペロンチーノスパゲティ(しいたけ)
- 34 … 根菜ミックス(しいたけ)
- 35 … 大豆の五目煮(しいたけ)
- 35 … 根菜のカレー(しいたけ)
- 37 … ぎょうざ鍋(しいたけ)
- 84 … しいたけとつくだ煮こんぶの煮もの
- 77 … さけの南蛮漬け(ししとうがらし)
- 85 … ししとうとじゃこのぽん酢いため
- 47 … すり身の香り焼き(しその葉)
- 98 … いかバーグ(しその葉)
- 18 … とり肉のヨーグルト漬け(しめじ)
- 30 … きのこミックス(しめじ)
- 31 … とうふときのこのあんかけ汁(しめじ)
- 31 … きのこのペペロンチーノスパゲティ(しめじ)
- 82 … きのこのイタリアンソテー(しめじ)
- 87 … きのこのてんぷら(しめじ)
- 89 … とりごぼうの混ぜおこわ(しめじ)
- 95 … とり肉とさといものごま煮(しめじ)
- 24 … あじのイタリアンハーブグリル(じゃがいも)
- 33 … ごろっと野菜のホワイトシチュー(じゃがいも)
- 33 … ポトフ(じゃがいも)
- 41 … 蒸し野菜のトマトソースがけ(じゃがいも)
- 81 … ころころマッシュポテト(じゃがいも)
- 49 … 塩豚と夏野菜のソテー(ズッキーニ)
- 19 … とりもも肉のみそ漬け(セロリ)
- 21 … 牛ステーキ肉のワイン漬け(セロリ)
- 24 … あじのイタリアンハーブグリル(セロリ)

た

- 34 … 根菜ミックス(だいこん)
- 35 … 大豆の五目煮(だいこん)
- 35 … 根菜のカレー(だいこん)
- 39 … だいこんの麻婆のせ
- 49 … 塩豚とだいこんのスープ煮
- 15 … 豚肉と野菜のバーベキュー味(たまねぎ)
- 16 … 牛カルビ肉の焼き肉(たまねぎ)
- 17 … とり手羽肉の七味じょうゆ焼き(たまねぎ)
- 21 … 牛ステーキ肉のワイン漬け(たまねぎ)
- 25 … 魚介のマリネ(たまねぎ)
- 26 … あさりの韓国風スープ(たまねぎ)
- 29 … えびのバターライス(たまねぎ)
- 32 … ごろごろ野菜ミックス(たまねぎ)
- 33 … ごろっと野菜のホワイトシチュー(たまねぎ)
- 33 … ポトフ(たまねぎ)
- 40 … 生トマトソース(たまねぎ)

110

- 41 … 蒸し野菜のトマトソースがけ(たまねぎ)
- 41 … とり肉のトマト煮(たまねぎ)
- 42 … ミートソース(たまねぎ)
- 43 … ミートソースのとうふグラタン(たまねぎ)
- 43 … ブロッコリーとミートソースのペンネ(たまねぎ)
- 44 … ホワイトソース(たまねぎ)
- 45 … グラタン(たまねぎ)
- 45 … ふんわりホワイトトースト(たまねぎ)
- 72 … 三角ハンバーグ(たまねぎ)
- 83 … おからとひじきのごま風味サラダ(たまねぎ)
- 86 … かぼちゃとトマトのレンジ煮(たまねぎ)
- 88 … ツナピラフ(たまねぎ)
- 37 … ぎょうざ鍋(チンゲンサイ)
- 28 … ミックスベジタブル(とうもろこし)
- 29 … 卵のスフレ(とうもろこし)
- 29 … えびのバターライス(とうもろこし)
- 40 … 生トマトソース
- 41 … 蒸し野菜のトマトソースがけ
- 41 … とり肉のトマト煮
- 86 … かぼちゃとトマトのレンジ煮
- 15 … 豚肉と野菜のバーベキュー味(ミニトマト)
- 20 … とり肉のはちみつレモン焼き(ミニトマト)
- 24 … あじのイタリアンハーブグリル(ミニトマト)

な

- 14 … 豚肉のしょうが焼き(にんじん)
- 18 … とり肉のヨーグルト漬け(にんじん)
- 21 … 牛ステーキ肉のワイン漬け(にんじん)
- 28 … ミックスベジタブル(にんじん)
- 29 … 卵のスフレ(にんじん)
- 29 … えびのバターライス(にんじん)
- 32 … ごろごろ野菜ミックス(にんじん)
- 33 … ごろっと野菜のホワイトシチュー(にんじん)
- 33 … ポトフ(にんじん)
- 34 … 根菜ミックス(にんじん)
- 35 … 大豆の五目煮(にんじん)
- 35 … 根菜のカレー(にんじん)
- 37 … ぎょうざ鍋(にんじん)
- 73 … 野菜入りとりそぼろ(にんじん)
- 78 … にんじんのごまみそいため
- 80 … キッシュ風卵焼き(にんじん)
- 85 … 高野どうふの含め煮(にんじん)
- 88 … 炊飯器チャーハン(にんじん)
- 99 … とりひき肉ともちの巾着煮(にんじん)
- 22 … さけのねぎ豆板醤風味
- 23 … いかと野菜のしょうゆだれ(ねぎ)
- 31 … とうふときのこのあんかけ汁(ねぎ)
- 35 … 根菜のカレー(ねぎ)
- 37 … 焼きぎょうざ(ねぎ)
- 37 … ぎょうざ鍋(ねぎ)
- 38 … 麻婆ソース(ねぎ)
- 39 … だいこんの麻婆のせ(ねぎ)
- 39 … 麻婆豆腐丼(ねぎ)
- 46 … さんまのすり身(ねぎ)
- 47 … すり身汁(ねぎ)
- 47 … すり身の香り焼き(ねぎ)
- 50 … 蒸しどり(ねぎ)
- 77 … さけの南蛮漬け(ねぎ)
- 88 … 炊飯器チャーハン(ねぎ)
- 96 … レンジ煮豚(ねぎ)
- 97 … さばのみそ煮(ねぎ)
- 98 … いかバーグ(ねぎ)
- 31 … きのこのペペロンチーノスパゲティ(万能ねぎ)
- 49 … 塩豚とだいこんのスープ煮(万能ねぎ)

- 81 … ミニお好み焼き(万能ねぎ)
- 95 … とり肉とさといものごま煮(万能ねぎ)

は

- 45 … ふんわりホワイトトースト(パセリ)
- 15 … 豚肉と野菜のバーベキュー味(パプリカ(赤))
- 41 … 蒸し野菜のトマトソースがけ(パプリカ(赤))
- 49 … 塩豚と夏野菜のソテー(パプリカ(赤))
- 82 … きのこのイタリアンソテー(パプリカ(赤))
- 88 … ツナピラフ(パプリカ(赤))
- 25 … 魚介のマリネ(パプリカ(黄))
- 16 … 牛カルビ肉の焼き肉(ピーマン)
- 84 … 切り干しナポリタン(ピーマン)
- 20 … とり肉のはちみつレモン焼き(ブロッコリー)
- 32 … ごろごろ野菜ミックス(ブロッコリー)
- 33 … ごろっと野菜のホワイトシチュー(ブロッコリー)
- 33 … ポトフ(ブロッコリー)
- 43 … ブロッコリーとミートソースのペンネ
- 79 … ブロッコリーのクリーム焼き
- 80 … キッシュ風卵焼き(ほうれんそう)
- 88 … ツナピラフ(ホワイトぶなしめじ)

ま

- 30 … きのこミックス(まいたけ)
- 31 … とうふときのこのあんかけ汁(まいたけ)
- 31 … きのこのペペロンチーノスパゲティ(まいたけ)
- 98 … いかバーグ(みょうが)

ら

- 14 … 豚肉のしょうが焼き(レタス)
- 51 … チキン&アボカドのマフィンサンド(レタス)
- 96 … レンジ煮豚(レタス)
- 20 … とり肉のはちみつレモン焼き
- 24 … あじのイタリアンハーブグリル(レモン)
- 25 … 魚介のマリネ(レモン)
- 86 … さつまいものりんごジュース煮(レモン)
- 19 … とりももの肉のみそ漬け(れんこん)
- 34 … 根菜ミックス(れんこん)
- 35 … 大豆の五目煮(れんこん)
- 35 … 根菜のカレー(れんこん)
- 87 … れんこんのきんぴら

ごはん、パン、めん類

- 31 … きのこのペペロンチーノスパゲティ
- 39 … 麻婆豆腐丼
- 43 … ブロッコリーとミートソースのペンネ
- 45 … グラタン
- 45 … ふんわりホワイトトースト
- 51 … 蒸しどりのサラダうどん
- 88 … 炊飯器チャーハン
- 88 … ツナピラフ
- 89 … とりごぼうの混ぜおこわ
- 89 … 焼きおにぎり
- 90 … 焼き豚サンド
- 90 … クリームチーズサンド

卵

- 29 … 卵のスフレ
- 46 … さんまのすり身
- 47 … すり身汁
- 47 … すり身の香り焼き

- 51 … 蒸しどりのサラダうどん
- 80 … キッシュ風卵焼き
- 80 … 卵ののりロール
- 91 … シンプルチーズケーキ
- 97 … 凍りどうふの卵とじ

その他

- 31 … とうふときのこのあんかけ汁(油揚げ)
- 74 … 薄切り肉のボリュームカツ(油揚げ)
- 99 … とりひき肉ともちの巾着煮(油揚げ)
- 90 … 焼き豚サンド(甘酢しょうが)
- 78 … ひと口キャベツ(練り梅)
- 41 … とり肉のトマト煮(いんげん豆(水煮))
- 83 … おからとひじきのごま風味サラダ
- 78 … ひと口キャベツ(カットわかめ)
- 35 … 大豆の五目煮(カットわかめ)
- 33 … ごろっと野菜のホワイトシチュー(牛乳)
- 44 … ホワイトソース(牛乳)
- 45 … グラタン(牛乳)
- 45 … ふんわりホワイトトースト(牛乳)
- 79 … ブロッコリーのクリーム焼き(牛乳)
- 91 … シンプルチーズケーキ(牛乳)
- 91 … チョコ蒸しパン(牛乳)
- 84 … 切り干しナポリタン(切り干しだいこん)
- 90 … クリームチーズサンド
- 91 … シンプルチーズケーキ(クリームチーズ)
- 74 … 車麩のしょうが焼き
- 41 … とり肉のトマト煮(黒オリーブ)
- 85 … 高野どうふの含め煮
- 76 … さんまのかば焼き(ごま)
- 78 … にんじんのごまみそいため
- 77 … 冷凍こんにゃくのピリ辛煮
- 35 … 大豆の五目煮
- 43 … ブロッコリーとミートソースのペンネ(チーズ)
- 45 … グラタン(チーズ)
- 43 … ミートソースのとうふグラタン(スライスチーズ)
- 45 … ふんわりホワイトトースト(ピザ用チーズ)
- 74 … 薄切り肉のボリュームカツ(ピザ用チーズ)
- 80 … キッシュ風卵焼き(ピザ用チーズ)
- 85 … ししとうとじゃこのぽん酢いため
- 91 … チョコ蒸しパン
- 84 … しいたけとつくだ煮こんぶの煮もの
- 88 … ツナピラフ
- 23 … いかと野菜のしょうゆだれ(もめんどうふ)
- 31 … とうふときのこのあんかけ汁
- 39 … 麻婆豆腐丼
- 43 … ミートソースのとうふグラタン
- 97 … 凍りどうふの卵とじ
- 90 … クリームチーズサンド(ドライフルーツミックス)
- 49 … 塩豚と夏野菜のソテー(パイナップル缶詰)
- 37 … ぎょうざ鍋(はるさめ)
- 83 … スピードひじき煮
- 83 … おからとひじきのごま風味サラダ
- 81 … ミニお好み焼き(紅しょうが)
- 73 … 野菜入りとりそぼろ(干ししいたけ)
- 99 … とりひき肉ともちの巾着煮
- 47 … すり身の香り焼き(焼きのり)
- 74 … 薄切り肉のボリュームカツ(焼きのり)
- 80 … 卵ののりロール
- 42 … ミートソース(野菜ジュース)
- 43 … ミートソースのとうふグラタン(野菜ジュース)
- 43 … ブロッコリーとミートソースのペンネ(野菜ジュース)
- 18 … とり肉のヨーグルト漬け
- 86 … さつまいものりんごジュース煮

ベターホームのお料理教室なら
“すぐに役立ち、一生使える”
料理の技術が身につきます

ベターホームのお料理教室は、全国18ヵ所で開催する料理教室です。家庭料理の基本が学べる5コースのほか、レパートリーを広げたい方には、魚のさばき方が身につく「お魚基本技術の会」、「野菜料理の会」などがあります。手づくり派には「手づくりパンの会」や「お菓子の会」も人気。男性だけのクラスもあります。

見学はいつでも大歓迎!
日程など、詳しくご案内いたしますので、全国の各事務局（下記）にお気軽にお問い合わせください。

資料請求のご案内
お料理教室の開講は年2回、5月と11月です。
パンフレットをお送りします。ホームページからも請求できます。

本部事務局	Tel.03-3407-0471	福岡事務局	Tel.092-714-2411
名古屋事務局	Tel.052-973-1391	大阪事務局	Tel.06-6376-2601
札幌事務局	Tel.011-222-3078	仙台教室	Tel.022-224-2228

冷凍しておくと、便利なおかず

便利シリーズ 1
作っておくと、便利なおかず

便利シリーズ 2
材料使いきり、便利なおかず

料理研究●ベターホーム協会／浜村ゆみ子　山上友子
撮影●大井一範
スタイリング●青野康子
デザイン●山岡千春
イラスト●浅生ハルミン
校正●ペーパーハウス

初版発行　2009年9月1日
12刷　2013年6月1日

編集　ベターホーム協会
発行　ベターホーム出版局

〒150-8363
東京都渋谷区渋谷1-15-12
〔編集〕Tel.03-3407-0471
〔出版営業〕Tel.03-3407-4871
http://www.betterhome.jp

ISBN978-4-904544-04-4
乱丁・落丁はお取替えします。本書の無断転載を禁じます。
©The Better Home Association,2009,Printed in Japan